Inhalt

1 Kannst du bitte helfen?
Can you help, please?

ERSTER TEIL

Wer ist dran?
Whose turn?

This section is about helping with housework. It teaches you how to offer to do things and how to ask others to help.

By looking at the photos and their captions below and on page 6 can you interpret the meaning of this youth hostel notice?

Schüler und Schülerinnen von der Realschule im Ludwigspark machen einen Schullandheimaufenthalt im Schullandheim Weiskirchen. Sie haben jeden Tag einige Aufgaben im Haus zu machen.

Gäste werden gebeten mitzuhelfen:
beim Tischdecken
beim Abräumen der Tische
beim Spülen
beim Abwischen der Tische
beim Saubermachen der Zimmer
beim Kehren der Flure
beim Bettenmachen
Danke schön!

Helmut und Sabine Braun

Herbergseltern

Geschirr bitte hier abstellen

Wir danken für die Unterstützung!

1.

Karin macht das Schlafzimmer sauber.

2.

Heidrun macht die Betten.

3.

Kurt spült.

4.

Bodo wischt den Tisch ab.

5.

Gudrun deckt den Tisch.

6.

Claudia kehrt den Flur.

7.

Beate und Kirsten
räumen ab.

8.

Christoph steckt die Wäsche
in die Maschine.

9.

Jochen steckt das Geschirr
in die Spülmaschine.

10.

Anja saugt das Büro
mit dem Staubsauger.

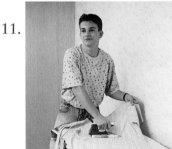

11.

Dirk bügelt.

12.

Tania und Eva trocknen
das Geschirr ab.

 1 Hör zu!

You will hear a series of requests for people to do things. Give the name or names of the person or people who was or were asked to do the job by looking at the photos above and on page 5.

2 Hör zu! ●

Making a list of duties. Two teachers are drawing up a rota.
Copy the list and fill in the names.

	Montag	Dienstag
Tischdecken	Kurt	
Abräumen		
Spülen		
Abtrocknen		Kurt
Abwischen der Tische		
Schlafräume saubermachen		
Flure kehren		

Wähle eine Partnerin oder einen Partner!
Heute ist Montag. Spielt Rollen und sagt, was man
heute und morgen machen muß.

Zum Beispiel:
A (Lehrer/in): Kurt, du mußt heute die Tische decken.
B (Kurt): Und was mache ich morgen?
A (Lehrer/in): Morgen mußt du abtrocknen.

3 Hör zu! ●

Was werden diese jungen Leute morgen machen und
mit wem?

Mach eine Kopie der Tabelle!

Name	Was?	Mit wem?
Manfred		Horst oder Barbara
Bernd		Eva oder Frank
Bettina		Gabi oder Jörg
Sabine		Hans-Peter oder Karin
Bodo		Ulrike oder Stefan
Claudia		Jürgen oder Monika

Jetzt schreib einen Satz für jede Person!

Zum Beispiel:
Manfred wird mit . . . .

4 Mach eine Liste mit deiner Partnerin oder deinem Partner! Hier ist eine Liste der Klassenkameraden und eine Liste der Aufgaben. Macht zusammen eine Liste für das Wochenende!

Zum Beispiel:
A: Samstag. Karla kann abtrocknen.
B: Ja. Und Heinz kann . . . .

	Samstag	Sonntag
Karla		
Heinz		
Heidrun		
Monika		
Sonja		
Sven		

5 Was brauchen sie? Sind die Sätze falsch oder richtig? Verbessere die falschen Sätze!

1. Brigitte braucht einen Besen.
2. Hans-Peter braucht ein Geschirrtuch.
3. Manfred braucht einen Staubsauger.
4. Eva braucht einen Lappen.

5. Ulrike braucht einen Besen.
6. Erich braucht eine Spülmaschine.
7. Georg braucht einen Lappen.
8. Mark braucht ein Bügeleisen.

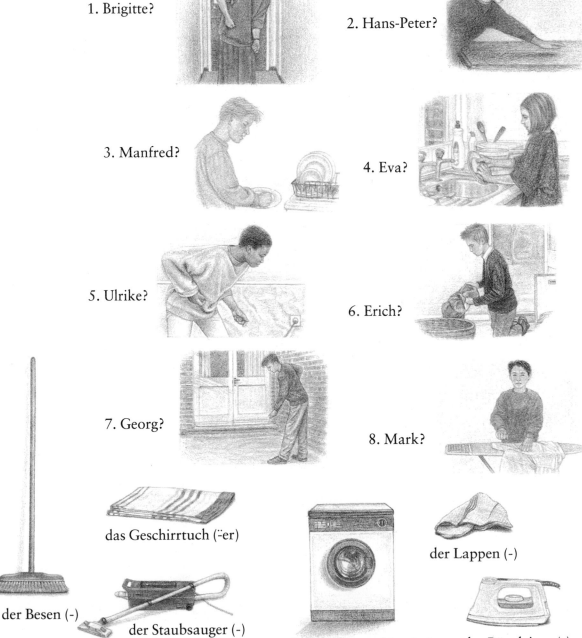

1. Brigitte?

2. Hans-Peter?

3. Manfred?

4. Eva?

5. Ulrike?

6. Erich?

7. Georg?

8. Mark?

das Geschirrtuch (¨er)

der Lappen (-)

der Besen (-)

der Staubsauger (-)

die Waschmaschine (-n)

das Bügeleisen (-)

6 Wie hilfst du zu Hause? Frag mal deine Klassenkameraden und -kameradinnen, wie sie zu Hause helfen. Wer macht am meisten in der Klasse und wer macht am wenigsten?

Bügeln sie ihre Kleider?
Saugen sie die Teppichböden?
Machen sie ihre Zimmer sauber?
Kochen sie?
Trocknen sie ab?
Machen sie die Wäsche?
Putzen sie die Fenster?
Spülen sie?
Decken sie den Tisch?

der Teppich (-e)	*carpet*
der Boden (¨)	*floor*

7

1. Hoost,
Vati hat vom Bahnhof angerufen
Ich geh' ihn mal abholen.
Kannst Du bitte etwas Kaltes
zubereiten?

Mutti

Where has she gone? Why?
What has she asked Horst to do?

2. **FC 08 Homburg-Saar**

„Denk dran!"

Lieber Duncan,
könntest Du mir bitte
einen für den 1.4.92
gültigen Fahrplan der
Züge zwischen London ⇄
Leicester schicken?
Besten Dank!
Felix 1/2.92

Club der Förderer des FC 08 Homburg-Saar e.V.

What does Felix want Duncan to do for him?

3.

> Hallo Kinder!
>
> Die Oma hat angerufen. Sie kommt heute abend. Ich bin zum Supermarkt gegangen. Könnt Ihr bitte spülen und den Tisch decken?
>
> Vati

What does the note ask the children to do?

Can you ...	Kannst du Könnt ihr Können Sie	abtrocknen? das Zimmer saubermachen? den Flur kehren?
Could you ...	Könntest du Könntet ihr Könnten Sie	den Tisch decken? spülen? das Wohnzimmer saugen?

Schreib ein paar Zeilen!

a. Ich bin ... ⟶ Böckerei Schuhe . Könntest ... ?

b. Ich muß ⟶ . ?

c. Ich komme 18:00 . ?

8 📼 Hör zu!

Was sagen sie am Telefon? Kannst du einen Zettel schreiben?

Kannst du ihm / ihr etwas ausrichten?	*Can you give him / her a message?*
die Maschine (-n)	*plane*
der Zettel (-)	*note, piece of paper*

9 📼 Hör zu!

Findest du das, was diese Leute sagen, höflich *(polite)* oder nicht?

1. Gib Punkte! ✗ = unhöflich
         ✓ = normal
         ✓✓ = sehr höflich

2. Kannst du auf Englisch sagen, was die Leute sagen?

11

10 Kannst du es höflicher ausdrücken?

Zum Beispiel:
„Wer macht denn heute das Abtrocknen?
Karl ist dran, nicht?
Karl! Abtrocknen!!"

Höflicher wäre:
„Karl. Könntest du bitte abtrocknen?"

1. „Man hat das Zimmer noch nicht
   saubergemacht. Ute! Mach es sauber!!"
2. „Ich muß die Flure machen. Wo ist
   der Besen? Georg! Hol mir den Besen!!"
3. „Niemand hat gespült! Inge und Tobias!
   Spülen!"
4. „Herr Schmidt! Das Eßzimmer ist noch
   nicht sauber!"

11 Wähle eine Partnerin oder einen Partner und übt Dialoge!

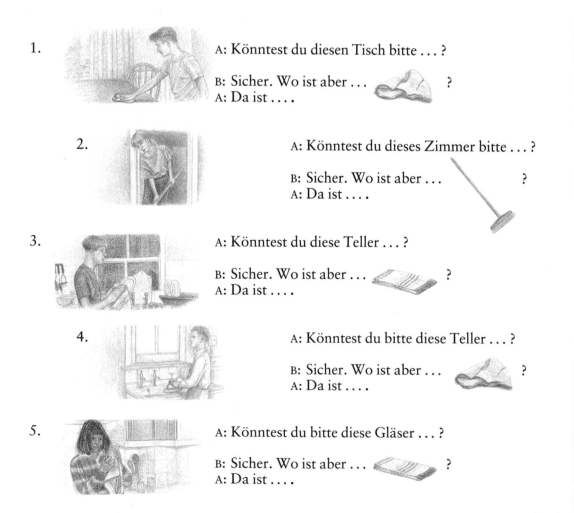

1. A: Könntest du diesen Tisch bitte . . . ?

   B: Sicher. Wo ist aber . . .   ?
   A: Da ist . . . .

2. A: Könntest du dieses Zimmer bitte . . . ?

   B: Sicher. Wo ist aber . . .   ?
   A: Da ist . . . .

3. A: Könntest du diese Teller . . . ?

   B: Sicher. Wo ist aber . . .   ?
   A: Da ist . . . .

4. A: Könntest du bitte diese Teller . . . ?

   B: Sicher. Wo ist aber . . .   ?
   A: Da ist . . . .

5. A: Könntest du bitte diese Gläser . . . ?

   B: Sicher. Wo ist aber . . .   ?
   A: Da ist . . . .

12 Hör zu!

Gabi zieht am Wochenende in ihre neue Wohnung ein. Sie ruft ihre Freunde an, um zu fragen, ob sie mithelfen können. Können sie ihr helfen?

1. Zuerst schreib eine Liste der Namen von Gabis Freunden!
   Die Freunde: Manfred, Brigitte, Andrea, Kurt, Gerd, Barbara, Hans-Peter, Inge, Thomas und Doris.
2. Sag wer spricht! Schau die Bilder unten an und schreib die richtigen Buchstaben neben den Namen!
3. Einige können ihr nicht helfen. Sag warum sie nicht helfen können!

   Zum Beispiel:
   Gerd kann ihr nicht helfen, weil er . . . .

a.

b.   Nichts zu tun am Wochenende

c.

d.

e.

f.   Nichts zu tun am Wochenende

g.

h.

i.

j.

13

Die Arbeit – Probleme von gestern und heute

13   Zum Lesen 1

Die große Wäsche

Man muß sagen, daß das Leben einer Hausfrau heutzutage leichter ist, als es zur Zeit meiner Mutter war. Meine Tochter, zum Beispiel, obwohl sie selbst Mutter ist, hat viel mehr Zeit für sich, als meine Mutter hatte. Ich halte das für sehr gut.

Ich weiß noch gut, wie schwer meine Mutter im Haushalt arbeiten mußte. In meiner Kindheit gab es, zum Beispiel, keine Waschmaschinen, so daß meine Mutter alles von Hand waschen mußte. Und da ich fünf Geschwister hatte, hatte sie alle Hände voll zu tun. Jeden Samstag verschwand meine Mutter in heißen Dampfwolken, wenn sie mit der großen Wäsche begann.

Zuerst mußte sie alle Laken und Hemden, und so weiter, in einem großen Kessel kochen, bevor sie sie richtig schrubben konnte. Natürlich gab es auch kein Waschpulver – sie mußte ein Stück Seife verwenden.

Dann hängte sie alles auf. Die Leine mit Wäsche schien mir endlos lang zu sein.

Beim Geschirrspülen ging es ähnlich zu – keine Spülmaschine und kein Spülmittel.

Bei all dieser Arbeit fand meine Mutter eigentlich nie Zeit für sich selbst.

ähnlich	*similarly*
der Dampf (¨e)	*steam*
heutzutage	*these days, nowadays*
der Kessel (-)	*boiler, kettle*
das Laken (-)	*sheet*
scheinen (scheint, schien, geschienen)	*to seem*
*verschwinden (verschwindet, verschwand, verschwunden)	*to disappear*
verwenden *(wk)*	*to use*

What things mentioned in this passage would you do or use and what would you not do or not use, if you were doing the washing?

14 Zum Lesen 2

Industrie wird stillgelegt
Entlassungen gehen weiter

In den nächsten Tagen wird eine weitere Fabrik in Halle stillgelegt. Zirka 400 Arbeitnehmer werden entlassen. Die veralteten Industrien der fünf neuen Bundesländer sind nicht mehr konkurrenzfähig. Mangelnde Investitionen aus Westeuropa führen dazu, daß die Maschinen und die Infrastruktur nicht schnell erneuert werden können. Es kommt noch hinzu, daß die Produktionsmethoden die Umwelt sehr belastet und verschmutzt haben, und allein die Lösung dieses Problems würde Milliarden kosten. Hauptsächlich müßten die Schwefeldioxydemissionen reduziert werden, erklärte die Regierung.

der Arbeitnehmer (-)	*employee*
belasten *(wk)*	*to burden*
die Entlassung (-en)	*dismissal*
erneuern *(wk)*	*to renew*
konkurrenzfähig	*able to compete*
mangelnd	*lacking*
der Schwefel	*sulphur*
<u>still</u>legen (<u>still</u>-legen) *(wk)*	*to close (of industry)*
die Umwelt	*environment*
verschmutzen *(wk)*	*to dirty*
zirka	*about, approximately*

Fünfzehn Jahre lang habe ich hier gearbeitet und bin jetzt plötzlich arbeitslos. Es ist ja furchtbar. Die Hälfte der Stadt ist arbeitslos, und die Investitionen kommen einfach nicht.
Gerd Schäffer, 34

Mein Mann und ich sind hier geboren und aufgewachsen, und wir arbeiteten beide in dieser Fabrik. Jetzt wissen wir nicht wohin. Wir leiden unter Streß und finden es schwer, uns zu entspannen. Wir fangen an zu zanken, was nie vorher vorgekommen ist. Zwar haben wir Arbeitslosengeld, aber die Mieten steigen. Die Umschulung ist eine Möglichkeit, und ich hoffe sehr, daß wir diese Möglichkeit bekommen werden.
Andrea Gerber, 42

Ich habe Glück gehabt. Bei uns gibt es etwas Neues. Unser Betrieb ist von einer französischen Firma übernommen worden, und ich behalte meine Stelle. Wir sind dabei, neue Arbeitsmethoden zu lernen und müssen auf Umweltschutz achten. Ich habe die Firma in Frankreich besucht und verstehe jetzt, worum es geht.
Bernd Zufelde, 49

Viele Klassenkameraden sind krank. Manchmal müssen wir alle Masken tragen, weil die Luft hier so schlecht ist. Tania konnte gestern nicht in die Schule kommen und mußte wegen Halsweh zu Hause bleiben. Der Thomas kann nicht richtig atmen. Meine Mutti sagt, daß es an der schlechten Luft liegt.
Inge Baumann, 12

Liebe Regina,

vielleicht hast Du von den Entlassungen und dem Stillegen der Betriebe hier gelesen. Viele von uns sind arbeitslos, und das Leben ist ziemlich schwer geworden. Der Rainer – erinnerst Du Dich an ihn? – hat vor einem Monat seine Stelle verloren, und es sieht so aus, als würde Ilse auch bald arbeitslos werden. Wenn man ohne Arbeit ist, weiß man nicht so richtig, wie man die Zeit vertreiben soll. Ich verbringe viel Zeit mit Freunden, aber manchmal wird man deprimiert, und wenn einer so deprimiert ist, dann wird der andere dies auch schnell. Das hilft alles nicht. Wir müssen lange warten, bis die Industrie hier wieder aufgebaut wird. Viele von uns möchten uns umschulen lassen, und morgen gehe ich zum Arbeitsamt und werde mich nach der Umschulung erkundigen. Ich möchte nicht von hier weg, aber wenn ich keine Arbeit finde, was kann ich sonst machen?

Schreib mir bald,
Dein Kurt

sich entspannen *(wk)*	to relax
die Fabrik (-en)	factory
übernehmen (übernimmt, übernahm, übernommen)	to take over
die Umschulung	retraining
der Umweltschutz	protection of the environment
zanken *(wk)*	to argue
die Zeit vertreiben (vertreibt, vertrieb, vertrieben)	to pass time

1. *Summarise in English or German the main problems outlined here.*

2. *Imagine that you are Rainer or Ilse and write a letter to a friend in another part of Germany, describing what is happening and the effect on you and your children.*

3. *Write a diary of an unemployed person, relating it to certain specific days:*
   - *the day he / she heard the factory was to close*
   - *the last day at the works*
   - *a day spent with friends*
   - *visiting the* Arbeitsamt
   - *beginning a retraining course*

4. *Imagine that you are a journalist. Work out questions which you would put to Ilse and Rainer about their life and feelings at present. Then role-play the interview with someone in the class.*

fritten & bessere zeiten

es war im letzten sommer
freies wochenende in Nürnberg
wir standen an frittenbuden
tranken Cola aus pappbechern
& schimpften auf alles
«noch'n jahr! das halt ich nicht aus.»

ein jahr später
alles vorbei & endlich frei
wir stehen an frittenbuden
trinken Cola aus pappbechern
& warten auf bessere zeiten
«ich halt das nicht mehr aus.»

ich sehe uns
wie wir mit grauen haaren
& alten, verbitterten gesichtern
an frittenbuden stehen
pappbecher zerdrücken
& auf bessere zeiten warten.

Manfred Baur

STADT INFO **Soziales**

Das weitgefächerte Rat- und Hilfeangebot des Sozialamtes für alle Bürger:

Hilfe bei Mietrückständen und Wohnungskündigung
Zimmer 210, Tel. **77 63 44**
geöffnet Mo, Di, Do, Fr 8.00 bis 12.00 Uhr und Do. 14.00 bis 16.00 Uhr

Sozialhilfe
Zimmer 201 bis 217, Tel: **77 63 23** u. a. geöffnet Mo, Di, Do, Fr. 8.00 bis 12.00 Uhr und Do. 14.00 bis 16.00 Uhr
Hilfe zum Lebensunterhalt, Beratung von Hilfesuchenden, Hilfe in besonderen Lebenslagen.

Beratungsstelle für Jugendberufshilfe
Hilfen für arbeitslose und von Arbeitslosigkeit bedrohte Jugendliche durch Berufsvorbereitung an Schulen.

Beratung in Fragen der Hilfe zur Arbeit
Zimmer 213/214, Tel.: **77 62 91**, geöffnet Mo, Di, Do. 8.00 bis 12.00 Uhr und Do. 14.00 bis 16.00 Uhr

i

Das Interrogativpronomen   *The interrogative pronoun*

Nominativ	wer	**Wer** ist dran?
Akkusativ	wen	**Wen** hast du in Deutsch?
Genitiv	wessen	**Wessen** Bücher sind das?
Dativ	wem	Mit **wem** spülst du heute?

i

helfen + *dat.*

Kannst du mir helfen?
Er hilft ihr.
Sie hilft ihm.

Der Imperativ   *The imperative*

Telling someone to do something
There are three forms of this in German.

The **du** *form,*	*The* **ihr** *form,*	*The* **Sie** *form,*
when talking to a	*when talking to two*	*which is more*
friend or relation, e.g.	*or more friends, e.g.*	*formal, e.g.*
Komm mit!	Kommt mit!	Kommen Sie mit!
Mach die Tür auf, bitte!	Macht die Tür auf, bitte!	Machen Sie die Tür auf bitte!
Beantworte die Fragen!	Beantwortet!	Beantworten Sie!
Geh geradeaus!	Geht!	Gehen Sie!
Ruf doch mal an!	Ruft an!	Rufen Sie an!

You can also, of course, use the verb 'können'.

Kannst du . . . ?	*Can you . . . ?*
Können Sie . . . ?	
Könntest du . . . ?	*Could you . . . ?*
Könnten Sie . . . ?	

Look for more examples of the imperative in the instructions in this book.

ZWEITER TEIL Zu Tisch!

It's ready!

This section is about offering help and sharing out jobs.

Mark ist drei Wochen zu Gast bei der Familie Schnitzler. Er bietet seine Hilfe beim Vorbereiten des Abendessens an.

„Na. Wieviel Uhr ist es?"
  „Halb sieben. Kann ich beim Kochen helfen?"
„Nein, danke. Es geht schon. Wir essen heute abend kalt."
  „Soll ich den Tisch decken?"
„Ja. Bitte. Tu das, Mark. Ihr habt sicher alle Hunger. Ich bereite gleich etwas vor."
  „Was gibt es?"
„Aufschnitt, Käse und so weiter."
  „Und was trinken wir dazu?"
„Was hättet ihr alle gerne? Tee oder Sprudelwasser?"
  „Ich würde lieber Tee trinken."
„OK. Dann mache ich Tee."
  „Wie viele sind wir?"
„Nur vier. Der Peter hat heute abend Training."
  „Gibt's einen Nachtisch?"
„Nein. Heute nicht."

anbieten (bietet an, *to offer* bot an, angeboten)

soll ich . . . ? *shall I . . . ?*

Sally ist zu Gast bei den Webers. Es ist Samstagmittag, und sie ist in der Küche mit Herrn Weber, der das Essen vorbereitet.

„Kann ich irgendwie helfen? Soll ich vielleicht den Tisch decken?"
  „Ja, sicher. Das wäre nett. Wir sind heute zu fünft. Ich mache eine schöne Suppe, und danach essen wir Koteletts."
„Gibt's einen Nachtisch?"
  „Wie wäre es mit Obst?"
„Ja. Meinetwegen. Wo ist die Tischdecke, bitte?"
  „Tischdecke brauchst du nicht. Es geht so."

1 1. **Bei den Schnitzlers**
  a. Essen sie warm oder kalt?
  b. Trinken sie Tee oder Wasser?
  c. Wie viele essen zu Abend?
  d. Gibt es einen Nachtisch?

2. **Bei den Webers**
  a. Essen sie warm oder kalt?
  b. Wie viele werden bei Tisch sein?
  c. Was essen sie als Nachtisch?
  d. Was braucht Sally nicht?

2 Mark und Sally decken den Tisch. Was brauchen sie?

Zum Beispiel:
Mark braucht eine Tischdecke, vier ... usw.

das Besteck:

die Gabel (-n)   der Löffel (-)   das Messer (-)

das Geschirr:

die Kaffeekanne (-n)   der Krug (¨e)   die Tasse (-n)   die Teekanne (-n)

der Teller (-)   die Untertasse (-n)   das Glas (¨er)   die Serviette (-n)

die Tischdecke (-n)   das Salz   der Pfeffer   der Herd (-e)

der Topf (¨e)   die Pfanne (-n)

3 Was sieht man auf diesem Tisch?

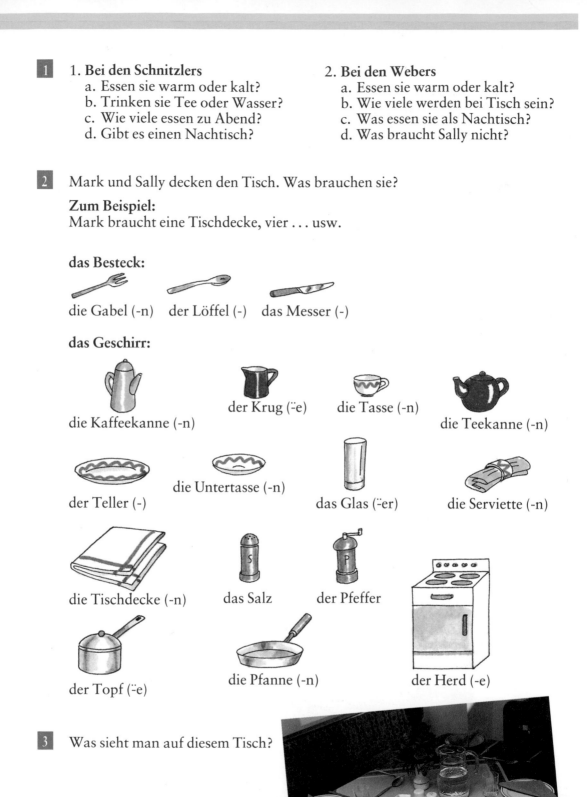

4 Hör zu! ●

Anything missing? Listen to two people checking lists of things in holiday homes between bookings. Put down the number of items found next to the appropriate letter.

Zum Beispiel: Haus 1 – a. 5

Warkens Ferienhäuser und -wohnungen KüCHENINVENTAR															
Haus-nummer	a.	b.	c.	d.	e.	f.	g.	h.	i.	j.	k.	l.	m.	n.	o.	p.
1																
2																
3																
4																

5 Hör zu!

Beim Tischdecken.
Schreib die richtigen Nummern
und Buchstaben auf!

das Regal (-e) *shelf*

Zum Beispiel: 1. a. (1)

1. a. There are

(1) five
(2) seven

for the meal.
b. The plates are

(3) on a shelf.
(4) in a cupboard.

c. The knives and forks are

(5) on the table.
(6) in a drawer.

d. For the pudding there is

(7) yoghurt.
(8) fruit.

e. The glasses are

(9) on a shelf.
(10) in a cupboard.

2. a. The meal is a

(1) hot
(2) cold

one.
b. They will need

(3) no
(4) small

spoons.
c. The drawer is

(5) in
(6) next to

the cupboard.
d. The plates are

(7) in the cupboard.
(8) on the shelf.

3. a. The meal is a

(1) hot
(2) cold

one.
b. They are having

(3) meat.
(4) fish.

c. The glasses are

(5) in the cupboard.
(6) on the shelf.

d. The napkins are

(7) by the window.
(8) on a shelf.

6 Übe mit einer Partnerin oder einem Partner Dialoge!

1. A: Soll ich etwas machen?

   B: Ja. Du könntest den 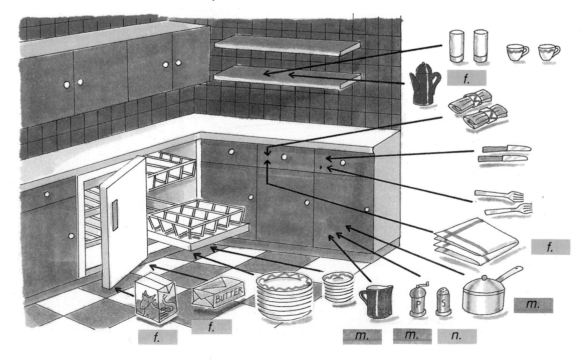 .

   A: Wo sind die 🍴 , bitte?

   B: Sie sind 🗄 .

   A: Danke schön.

2. A: ... ?

   B: Ja, bitte. .

   A: Wo ?

   B: .

   A: Danke.

3. A: ... ?

   B: Ja. .

   A: Wo ?

   B: ⟶ .

   A: Danke.

4. A: ... ?

   B: .

   A: ?

   B: ⟶ .

7 Wo kommt alles nach dem Spülen und Abtrocknen hin?
Erfinde mit einer Partnerin oder einem Partner Dialoge!

Zum Beispiel:
A: Wo kommen die Tassen hin?
B: Sie kommen auf das Regal.
(Vorsicht – immer Akkusativ!)

8 Hör zu! ●

Wer hat was gemacht? Angelika spricht mit ihrem Vater und organisiert die Arbeit im Haus. Wer hat letztes Wochenende alles gemacht?

1. Zeichne die Tabelle ab und trag die Informationen ein!
2. Dann schreib einen Satz für jede Person!

Zum Beispiel:
Papa hat . . . .

	Letztes Wochenende
Mama	
Papa	
Eva	
Horst	
Ich (Angelika)	

Zur Auswahl:

abgeräumt   gebügelt

gedeckt   gekehrt

gekocht   geputzt

gespült   abgetrocknet

9 Was haben diese Leute hier eben gemacht?

1.

2.

3.

4.

5.

6.

---

i

Kann ich? Soll ich?   *Can I? Shall I?*

Kann ich den Tisch decken?
Kann ich den Arzt für dich anrufen?

Soll ich die Wäsche in die Maschine stecken?
Soll ich die Gläser abräumen?

10 Zum Lesen 1

1.

Temperaturen sinken

Das Wochenende soll uns Kälte und Schnee bringen

Wintereinbruch auch in Großbritannien

Frankfurt, 11. Dezember (AP)
Das Wochenende zum 13. bringt Schnee und Eis. Nach Auskunft des Deutschen Wetteramtes soll Süddeutschland Temperaturen über null haben, während es im Norden kräftig frieren soll. Am Sonntag schneit es auch im Süden, im Norden werden Temperaturen bis minus zehn Grad erwartet.

frieren *to freeze*

What is the weekend going to be like in Munich and in Hamburg?

2.

Wetter soll sonnig und kalt bleiben

München, 26. Februar (AP)
Schnee und Kälte haben am Freitag in Süddeutschland den Verkehr behindert. Am Wochenende sollen die Temperaturen noch tiefer sinken.

a. What effect did the weather have in the south?
b. What will happen at the weekend?

---

i

sollen
ich soll
du sollst
er soll
sie soll
es soll
wir sollen
ihr sollt
Sie sollen
sie sollen

sollen *is a modal verb like* **können, müssen** *and* **wollen.**
The verb it is used with goes at the end of the sentence.

Zum Beispiel:
Soll ich den Tisch decken?
Das Wetter soll viel wärmer werden.

Note: **sollen** *can have the meaning of*
It should . . . .
It is said that . . . .

---

11 Zum Lesen 2

Schnee

Erklärung

Am Morgen lag Schnee.

Man hätte sich freuen können. Man hätte Schneehütten bauen können oder Schneemänner, man hätte sie als Wächter vor das Haus getürmt.

Der Schnee ist tröstlich, das ist alles, was er ist – und er halte warm, sagt man, wenn man sich in ihn eingrabe.

Aber er dringt in die Schuhe, blockiert die Autos, bringt Eisenbahnen zum Entgleisen und macht entlegene Dörfer einsam.

Peter Bichsel

sich eingraben (gräbt, grub, eingegraben)	*to bury yourself*
das Entgleisen (-)	*derailment*
entlegen	*distant*
tröstlich	*comforting*
türmen *(wk)*	*to pile up*
der Wächter (-)	*watchman*

Dörfer eingeschneit:

Geburt im Rettungshubschrauber

Ein Weltrekord für die kleine Eva Blumbach? Sie ist vorgestern im Hubschrauber zur Welt gekommen, infolge der schrecklichen Wetterlage in den süddeutschen Alpen. Mehrere Dörfer bleiben zur Zeit eingeschneit, einige sogar noch ohne telefonische Verbindungen zur Außenwelt. Stromleitungen sind teilweise unterbrochen. Glücklicherweise konnte sich die Familie Blumbach gerade noch mit dem Rettungsdienst in Verbindung setzen. Der werdende Vater hat den Landeplatz markiert. Dann ging es los. „Schon auf dem Weg zur Klinik war es uns allen klar, daß die kleine Eva nicht warten wollte – also mußten wir ihr helfen," so der stolze Sanitäter. Und die Mutter, deren erstes Kind es ist? „Ich hatte natürlich Angst, aber die Rettungsmannschaft war einfach super," sagte sie erleichtert in ihrem Klinikbett, die Kleine in ihren Armen.

der Rettungsdienst (-e)	*emergency service*
der Sanitäter (-)	*ambulance man*
der Stoff (-e)	*cloth*
die Stromleitung (-en)	*electric power cable*

Liebe Hannelore,

wie Du sicherlich gehört hast, ist die kleine Eva zur Welt gekommen. Alles hat gut geklappt, und sie wurde tatsächlich im Rettungshubschrauber geboren. Guck Dir mal den Zeitungsartikel an. Vergiß nicht, ihn zurückzuschicken – das ist ihre Geburtsurkunde! Schon in der Nacht hatten die Wehen begonnen, und ich mußte irgendwie Hilfe bekommen. Du kennst ja den Klaus – als Hebamme ist er nicht geeignet! Gott sei Dank ist der Rettungsdienst dann sehr schnell gekommen. Klaus mußte ein riesiges, schwarzes Kreuz aus Stoff auf die Wiese legen. Der Schnee lag so hoch – wir konnten kaum durchkommen. Kannst Du Dir das vorstellen?

So bald wir in der Luft waren, wußte ich, daß das Baby einfach zur Welt mußte, und so war es auch. Die Männer haben so getan, als ob sie das jeden Tag machten. Ich fühlte mich in guten Händen.

Der Klaus ist noch auf dem Bauernhof eingeschneit – er wollte mitkommen, mußte aber wegen des Viehs dort bleiben. Essen hat er genug und Bier auch! Wir telefonieren regelmäßig miteinander.
Wenn der Schnee weg ist, dann kommst Du, ja?
Bis bald,
Deine Margot

Schreib jetzt Klausens Brief, den er an seinen Vater am Persischen Golf geschrieben hat, nach der Rückkehr von Mutter und Kind zum Bauernhof.

Einige Ideen:
Wie hat er sich gefühlt?
Was mußte er machen?
Beschreibe die Wetterlage – wie lange sie
    gedauert hat und wie lange er isoliert war.
Was passiert ist.
Wie es der Mutter und dem Kind jetzt geht.
Er legt den Zeitungsausschnitt bei.

die Geburtsurkunde (-n)	*birth certificate*
die Hebamme (-n)	*midwife*
das Vieh	*cattle*
*vorkommen (o, a, o)	*to happen*
die Wehen *(pl.)*	*birth contractions*

i

Das Imperfekt

können	**müssen**	**wollen**	**können, müssen, wollen**
ich konnte	ich mußte	ich wollte	*are all modal verbs and as*
du konntest	du mußtest	du wolltest	*such send the infinitive to the*
er / sie / es konnte	er / sie / es mußte	er / sie / es wollte	*end of the clause.*
wir konnten	wir mußten	wir wollten	
ihr konntet	ihr mußtet	ihr wolltet	**Zum Beispiel:**
Sie konnten	Sie mußten	Sie wollten	Er wollte sich eine Hose kaufen.
sie konnten	sie mußten	sie wollten	

Wiederholung

1 Wähle einen Partner oder eine Partnerin und stellt einander Fragen über die Ferien im letzten Jahr. Macht Notizen!

a. Wo hast du deine Ferien verbracht?
b. Wann war das?
c. Wie lange war der Urlaub?
d. Warst du in einem Hotel, oder hast du gezeltet?
e. Mit wem hast du die Ferien verbracht?
f. Wie bist du gefahren?
g. Was hast du gemacht?
h. Möchtest du noch mal hinfahren? Warum oder warum nicht?

2 Bei Karstadt gekauft. Übe mit einem Partner oder einer Partnerin Dialoge!

Zum Beispiel:
A: Das ist aber ein schöner Pullover.
   Wo hast du ihn gekauft?
B: Bei Karstadt.
A: Wieviel hast du bezahlt?
B: 39.- DM.
A: Fantastisch / Toll / Dufte / Klasse!

36.- DM

147.- DM

39.- DM

27.- DM

87.- DM

19.- DM

280.- DM

99.- DM

3 In welcher Reihenfolge wird er sich anziehen?

Zum Beispiel:
Er wird zuerst ... anziehen, dann ....

4 Mit einem Partner oder einer Partnerin übe Dialoge.
Was macht er / sie von Beruf, usw?
Sieh auch Seite 34.

Die Fragen:	Der Beruf?	Was macht er / sie mit seinem / ihrem Geld?
	Wo?	Wo wohnt er / sie? Wie?
	Die Arbeitsstunden?	Freizeit?
	Die Fahrt zur Arbeit?	

5 Was könnten diese Leute unten und auf Seite 30 alle werden?
Mach Vorschläge! Oft gibt es mehr als eine Möglichkeit!
Gib Gründe!

Zum Beispiel:
Tim könnte Bauer werden,
weil er gern mit Tieren arbeitet.

Tim könnte auch andere Berufe
wählen. Welche und warum?

b.

a.

„Ich möchte einen
Beruf haben, der mir
Spaß macht. Ich würde
gern entweder mit
Tieren oder mit
Pflanzen arbeiten."
Tim

„Ich würde am liebsten
im Büro arbeiten, weil
ich nicht körperlich
arbeiten möchte."
Petra

c. „Ich möchte etwas
Praktisches tun, weil
ich gern mit den
Händen arbeite.
Basteln hat mir
immer Spaß gemacht."
Claudia

d.

„Wenn ich ein gutes
Zeugnis bekomme,
möchte ich weiter-
studieren, damit
ich später bessere
Chancen habe."
Christoph

e.

„Wenn ich einen
guten Schulabschluß
bekomme, möchte ich
Medizin studieren."
Ralf

f. „Ich möchte auf jeden
Fall mit Menschen
zusammenarbeiten."
Michaela

g. „Am liebsten würde ich
im Freien arbeiten. Ich
möchte auf keinen Fall
am Schreibtisch
sitzen."
Stephanie

h. „Ich möchte möglichst
schnell Geld verdienen.
Ich möchte keine lange
Ausbildung machen."
Silke

i.

„Ich hoffe später mal etwas mit
Elektronik oder Informatik machen
zu können, weil ich glaube diese
Berufe Zukunft haben."
Andreas

j. „Ich möchte nicht besonders
gern mit Menschen arbeiten.
Ich arbeite viel lieber mit
Zahlen."
Stefan

k. „Ich möchte vor allen
Dingen einen sicheren
Arbeitsplatz haben."
Susanne

l. „Ich möchte viel reisen
und mit vielen Leuten
in Kontakt kommen."
Tanja

die Chance (-n)	*opportunity, chance*
vor allen Dingen	*above all, first and foremost*
die Elektronik *(no pl.)*	*electronics*
auf jeden Fall	*in any case*
körperlich	*physical (physically)*
möglichst schnell	*as quickly as possible*
der Schreibtisch (-e)	*desk*
die Zukunft *(no pl.)*	*future*

2 Das Essen und die Gesundheit
Diet and health

ERSTER TEIL Was ißt du?
What do you eat?

This section is about food. It teaches you how to name foods, and how to say whether you like them or not. It also teaches you how to order food in a restaurant and how to discuss your normal diet.

1 der Fisch (e)
2 die Kartoffel (-n)
3 die Salami
4 die Milch
5 die Karotte (-n)
6 die Banane (-n)
7 der Rosenkohl
8 der Kohl,
  ein Kohlkopf (¨e)
9 die Salatgurke (-n)
10 die Tomate (-n)
11 dicke Bohnen *(pl.)*
12 das Obst (ein Apfel,
  eine Birne und
  eine Apfelsine)
13 die Ananas (-)
14 die Erdbeere (-n)
15 der Blumenkohl (-e)
16 die Erbsen
17 der Spinat
18 die Zwiebel (-n)
19 die Nuß (Nüsse)
20 der Knoblauch
21 das Ei (-er)
22 das Geflügel
23 der Aufschnitt
24 der Käse (-n)
25 der Eintopf
26 das Lammfleisch
27 das Rindfleisch
28 das Schweinefleisch
29 der Schinken
30 Teigwaren
31 Chips

1 Arbeite mit einer Partnerin oder einem Partner!
Könnt ihr alles hier identifizieren?
Deckt die deutsche Liste zu und testet euch!
Stellt euch gegenseitig je zehn Fragen!

Zum Beispiel:
A: Was ist Nummer 8?
B: Ein Kohlkopf.
A: Richtig. Was ist die Nummer 10?
  usw.

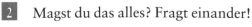

2 Magst du das alles? Fragt einander!

Zum Beispiel:
A: Magst du Kohl / Milch / Lammfleisch / Bohnen?

B:

Ja. Nein.	Ich mag	ihn sie es sie	einigermaßen. sehr.
			nicht. gar nicht.
	Ich esse		nicht.
Ich habe eine Allergie (gegen Käse). Ich bin allergisch dagegen. Ich bin Vegetarier / Vegetarierin.			

3 Arbeite mit einer Partnerin oder einem Partner!
Kannst du jetzt Vorschläge für einige
Mahlzeiten machen?

1. Du bist auf Urlaub, und du machst mit deiner
   Freundin / deinem Freund ein Picknick.
   Was möchtet ihr essen?

2. Du bist bei deiner Austauschpartnerin / deinem
   Austauschpartner, und ihr wollt zum
   Wochenende drei Essen vorbereiten.

   Samstag – Abendessen
   Sonntag – Frühstück
   Sonntag – Mittagessen

   Macht zwei Listen:
   a. Was ihr essen wollt.   b. Eine Einkaufsliste.

Im Restaurant – Wie bestellt man?

 4 🎞️ Hör zu!

Was bestellen die Leute? Lies mal die Speisekarte durch und schreib die richtigen Nummern beim Zuhören auf. Notiere auch das, was die Leute zum Trinken bestellen.

Gasthaus Hirschen

Mittwoch den 16.05.91 von 11.00 bis 20.00 Uhr

Suppen

1.	Tagessuppe	2,80 DM
2.	Hühnersuppe	3,50 DM
3.	Erbsensuppe	3,00 DM

Für den kleinen Hunger

4.	Feine Bratwurst auf Toast	4,20 DM
5.	Italienischer Salatteller	6,50 DM
6.	Heringe Hausfrauenart mit Salzkartoffeln	7,80 DM
7.	2 Wiener Würstchen auf Sauerkraut	7,60 DM

Für den großen Hunger

8.	Fischfilet gebraten mit Salzkartoffeln und Salat	11,20 DM
9.	Jägerschnitzel mit Pommes Frites und Salat	12,10 DM
10.	Wienerschnitzel mit Pommes Frites und Salat	13,20 DM
11.	Rumpsteak mit Zwiebeln und Beilagen	16,00 DM
12.	Rumpsteak ‚Mailand' mit Pilzen, Zwiebeln und Pommes Frites	18,30 DM

Nachtisch

13.	Gemischtes Eis	3,50 DM
14.	Ananas mit Sahne	4,00 DM
15.	Birne mit heißer Schokoladensoße	4,10 DM

Alle Preise inkl. MwSt. und Bedienung

Mit deiner Partnerin oder deinem Partner bestellt etwas zu essen!

Zum Beispiel:

A: Herr Ober / Fräulein! Ich möchte bestellen.
B: Ja? Was möchten Sie? (Er / Sie notiert die Nummern.)
A: Also. Einmal Tagessuppe, usw.

33

5 Hör zu!

Notiere das, was diese Leute im
Restaurant möchten.

6  Hör zu!

Was ist los?
Auf dem Band hörst du fünf Gespräche, die im Restaurant stattfinden. Entweder
wollen die Kunden etwas Zusätzliches bestellen, oder sie reklamieren etwas. Hör
zu und mach Notizen. Hinterher kannst du deinem Lehrer, bzw. deiner Lehrerin
erzählen, was sich hier abspielt.

> sich **ab**spielen *(wk)* *to happen, to go on*

7 Mit einem Partner oder einer Partnerin stellt einander Fragen!
One of you requests something and the other points to the picture which represents it.

Zum Beispiel:
Fräulein / Herr Ober! Ich hätte gern . . . / möchte . . . .
Ich brauche . . . / Bringen Sie mir . . . .
Ich habe keinen / keine / kein . . . .

Sieh dir Seite 29, Übung 4 an!

Nummer 1

Beruf – Büroangestellte im Arbeitsamt
Wo? – Bielefeld
Arbeitsstunden – 8–16 Uhr
Die Fahrt – Bahn
Geld – Miete; sparen – Ferien; Wagen
Wohnung – kleine Wohnung in Vorort
Freizeit – Chor; Radfahren

Nummer 2

Beruf – Programmierer
Wo? – Hannover
Arbeitsstunden – keine; arbeitet selbständig
Die Fahrt – keine; arbeitet zu Hause
Geld – Familie, usw.; Kleidung; sparen
Wohnung – Haus in der Stadt
Freizeit – Sport – welche Sportarten?

8 Mit deiner Partnerin oder deinem Partner ergänzt folgende Dialoge!

1. A: Möchtest du noch ... ?

   B: Danke. Das reicht. Können Sie mir aber ... reichen, bitte? ... Danke.

> reichen *(wk)* *to be enough, to pass*
> *(something to someone)*

2. A: Schmeckt es dir? Ißt du gern ... ?

   B: Ja, danke. Es schmeckt sehr gut.

Und jetzt macht das Gleiche mit anderen Speisen.

ℹ

Wortstellung *Word order*

Accusative before dative.
Schmeckt es dir?
Kannst du es mir reichen?

Pronoun before the noun – just as in English.
Reich mir das Fleisch, bitte.
Kannst du mir das Fleisch reichen?

Du bist, was du ißt!

Gesund leben heißt gut essen.
Gut essen heißt – viel Gemüse,
Obst und Nüsse essen.
Fisch essen.
Wenig Tierfett essen.
Nicht zu viel Süßes.
Nicht zu viele Kuchen.
Nicht zu oft etwas aus
der Dose essen.

Vollwertige Ernährung – richtige Diät –
dabei rät und hilft individuell die

**DEUTSCHE GESELLSCHAFT
FÜR ERNÄHRUNG E.V.**
Sektion Saarland
Futterstraße 2, 6600 Saarbrücken 3,
Telefon: 06 81 / 3 43 32

Sprechstunden Mo. 9⁰⁰ – 12⁰⁰,
Do. 15⁰⁰ – 17³⁰ Uhr

Eine gute Diät ist wichtig für den Körper, die Haut, die Haare und die Zähne.
Zu viel Zucker oder Fett ist schlecht für die Gesundheit und kann zu allerlei
Krankheiten führen. Natürlich braucht man Fett. Es gibt Energie, Wärme und
enthält Vitamine, aber man kann zu viel davon essen. In der Bundesrepublik ißt
man zu viel Fett – rund 130 g pro Tag pro Person, und das ist doppelt so viel wie
nötig. Für eine bessere Gesundheit sollte man weniger Fett essen.

allerlei	*all sorts of*
die Haut (¨e)	*skin*
der Körper (-)	*body*
die Krankheit (-en)	*illness*
er / sie sollte	*he / she ought*

 Hör zu!

Einige Leute sprechen von ihrer Diät.
Mach Notizen!

10 Wie ernährst du dich? Vergleich deine Diät mit der Diät deiner Partnerin oder deines Partners.
Was hast du diese Woche gegessen und getrunken? Benutze die folgenden Fragen!

Diese Woche

1. Wie oft hast du Pommes Frites gegessen?
2. Wie viele Pakete Chips hast du gekauft?
3. Wie oft hast du frisches Gemüse gegessen?
4. Wie viele Gemüsesorten hast du gegessen?
5. Wie viele Sprudelgetränke hast du getrunken?
6. Wie oft hast du Würstchen gegessen?
7. Wie viele Kuchen hast du gegessen?
8. Und Bonbons und Schokolade?
9. Wie oft hast du etwas aus der Dose gegessen?
10. Wie oft hast du grünen Salat gegessen?
11. Wieviel Obst hast du gegessen?
12. Wie viele Tassen Kaffee trinkst du jeden Tag?
13. Trinkst du Tee and Kaffee mit oder ohne Zucker?

Wer von euch hat die bessere Diät?
Du oder deine Partnerin / dein Partner?

das Sprudelgetränk (-e) *fizzy drink*

11

1. Sie schläft zu wenig.

2. Er ißt zu viel.

3. Sie hustet viel.

4. Er ist Arbeitsfanatiker.

5. Sie ist zu dünn.

6. Er hat keine Bewegung.

Beantworte die Fragen:
Wer sollte schlanker werden?
Wer sollte früher ins Bett gehen?
Wer sollte Sport treiben?

Wer sollte nicht mehr rauchen?
Wer sollte mehr und besser essen?
Wer sollte sich entspannen?

12 **Hör zu!**

Diese Leute leiden alle unter gesundheitlichen Problemen und haben vor kurzem den Arzt besucht. Was sollten diese Leute machen?

1. Hör zuerst einmal zu und mach Notizen.
   Here are some words and phrases whose meanings you should try and guess if they are new to you.

   a. Herr Nautsch – weniger
   b. Frau Esche – übergewichtig
   c. Frau Krämer – keine Kondition
   d. Herr Bauer – muß abnehmen   zwischendurch
   e. Frau Berghaus – hat Streß   überwinden
   f. Herr Winkelmann
   g. Herr Lange – braucht Entspannung   hat Sorgen
   h. Bernadette – deprimiert   etwas ernst nehmen
   i. Robert – ißt Süßigkeiten
   j. Irmtrud – sitzt vor der Flimmerkiste

2. Hör noch einmal zu und gib Ratschläge. Was sollten diese Leute tun, um gesünder zu werden?

   Zum Beispiel: Herr Nautsch sollte . . . .

13 **Zum Lesen**

Lieber Dr. Scherl!

Ich habe seit Monaten ein Problem, und zwar betrifft es meine Ernährung. Ich ernähre mich total falsch, fast nur von Süßigkeiten (Kuchen, Schokolade, usw.). Ich habe Angst, daß das auf die Dauer einen schlechten Einfluß auf meine Gesundheit hat, denn ich esse zu wenig Obst und Gemüse. Und anstatt ein ordentliches Mittagessen zu machen, greife ich immer zu Süßigkeiten. Jeden Tag sage ich mir, daß ich keine Süßigkeiten mehr essen sollte, aber ich schaffe es einfach nicht! Ich kann auch nicht sagen, daß ich mich durch die Süßigkeiten superwohl fühle. Lieber Dr. Scherl, gibt es irgendeinen Trick, wie ich von den Süßigkeiten loskomme?

Monika, 16 Jahre

auf die Dauer	*in the long run*
die Ernährung	*eating habit, nourishment*
schaffen (schafft, schuf, geschaffen)	*to manage, succeed*
die Süßigkeit (-en)	*sweet thing*

Dr. Scherl antwortet:

Klar, ernährst Du Dich total falsch, und diese Ernährung ist nicht gut für Dich. Eine Folge der vielen Süßigkeiten ist nämlich, daß Dein Körper an Unterzuckerung leidet – und immer mehr nach Süßigkeiten schreit. Und je mehr Du ißt, desto mehr verlangt dein Körper. Du wirst immer dicker werden, und wenn Du in diesem Stil so weiter ißt, werden deine Organe krank. „Ich schaffe es einfach nicht" ist nicht gut genug. Es ist jetzt eine Frage deiner Gesundheit, und Du solltest versuchen, eine Eiweiß-Diät durchzuhalten. Schon nach zwei Wochen wirst Du Dich besser fühlen. Du darfst essen – Fisch, Geflügel, Fleisch, Wurst, Quark, jede Menge Gemüse und Salat. Du solltest etwas weniger Kohlenhydrate essen – Brot, Pommes Frites, Teigwaren, Kartoffeln – und Süßigkeiten und Zucker völlig meiden. Schließlich, bitte Deine Mutter, alles was Du nicht essen darfst aus dem Weg zu räumen. Bitte auch Deine Freundinnen, Dir zu helfen.

Dein Boris Scherl

die Eiweiß-Diät	*protein diet*
die Ernährung (-en)	*nourishment, eating*
sich ernähren *(wk)*	*to eat, nourish oneself*
je mehr … desto …	*the more … the more …*
das Kohlenhydrat (-e)	*carbohydrate*
meiden (meidet, mied, gemieden)	*to avoid*
räumen *(wk)*	*to remove*
die Unterzuckerung	*low blood sugar*
verlangen *(wk)*	*to demand*
völlig	*completely, altogether*

Monika has written to Dr. Scherl with a problem. Read her letter and Dr. Scherl's reply.

1. What is Monika's problem?
2. Does she feel well?
3. Why does Monika find it difficult to do something about her problem?
4. What effect does Dr. Scherl say this will have on her in the short and long term?
5. What does he tell her to do to put it right?

Nudeln und Pommes Frites
Was junge Leute gern essen

München, 2. April (AP)

Geflügel, Nudeln und Pommes Frites sind die Lieblingsspeisen der jungen Deutschen. Die Älteren dagegen essen lieber Fleisch, Kartoffeln und Salat. Dies ist das Ergebnis einer Untersuchung der Ernährungsgewohnheiten von Schülern und jungen Erwachsenen, die der Gießener Ernährungswissenschaftler Ulrich Oltersdorf durchgeführt hat.

durchführen *(wk)*	*to carry out*
das Ergebnis (-se)	*result*
die Ernährungsgewohnheit (-en)	*eating habits*

6. According to this survey, what are the main differences between what young people and older people like?

Lieber Dr. Scherl!

Ich mache mir Sorgen über die Diät meines Sohnes, der jetzt allein wohnt und für sich selbst kocht. So weit ich sehen kann, ernährt er sich sehr schlecht. Er ißt meistens Sachen, die aus der Dose kommen, und dazu Pommes Frites aus der Tiefkühltruhe. Wenn er das Essen selbst nicht zubereitet, ißt er Fastfood. Wir haben ein gutes Verhältnis zueinander, und ich könnte das alles mit ihm besprechen, aber ich weiß nicht genau, was ich empfehlen sollte. Können Sie mir helfen, bitte?

Ihre Frau Utte Winter

besprechen (bespricht, besprach, besprochen)	*to discuss*
empfehlen (empfiehlt, empfahl, empfohlen)	*to recommend*
sich Sorgen machen	*to worry*
die Tiefkühltruhe (-n)	*deep freeze*
das Verhältnis (-se)	*relationship*

Liebe Frau Winter!

Ihr Sohn braucht ein gutes Kochbuch.

Suchen Sie ein Kochbuch für ihn aus, das einfache Rezepte hat. Sie könnten Ihren Sohn auch fragen, warum er sich vernachlässigt. Wenn man sich als Mülleimer behandelt und alle möglichen Speisen in sich hineinwirft, hat man zu wenig Selbstachtung. Er sollte darüber nachdenken.

Ihr Boris Scherl

behandeln *(wk)*	*to treat*
der Mülleimer (-)	*rubbish bin*
<u>nach</u>denken (denkt nach, dachte nach, nachgedacht)	*to reflect, think over*
das Rezept (-e)	*recipe*
die Selbstachtung	*self regard*
sich vernachlässigen *(wk)*	*to neglect oneself*
werfen (wirft, warf, geworfen)	*to throw*

7. *What is Frau Winter worried about?*
8. *What can you say about her son's diet?*
9. *What two main bits of advice are given to her?*

14 Mach ein Poster über die Gesundheit und was man
machen sollte oder nicht machen sollte, um gesund
zu bleiben.

Einige Ideen:
Halt dich fit!
Er sollte . . . .
Bist du zu . . . ?
Sitzt du 'rum?
eine Diät machen.
. . . du zu viel?
zu viel Flimmerkiste?
. . . ist gut / schlecht
für deinen Körper.
Möchtest du abnehmen? Dann . . . .

Vergiß nicht:
den Streß
die Entspannung
die Arbeit
das Trinken, usw.
den Schlaf
das Essen
usw.

Das Reflexivverb
The reflexive verb

*These verbs often refer to
actions you do to yourself.
For example, washing
yourself, feeding yourself,
and so on. In German
these two verbs are:*

sich waschen
ich wasche mich
du wäschst dich
er / sie / es wäscht sich
wir waschen uns
ihr wascht euch
Sie waschen sich
sie waschen sich

sich ernähren
ich ernähre mich
du ernährst dich
er / sie / es ernährt sich
wir ernähren uns
ihr ernährt euch
Sie ernähren sich
sie ernähren sich

Sollen

*In order to say 'ought' you
use the following form:*

ich sollte
du solltest
er / sie / es sollte
wir sollten
ihr solltet
Sie sollten
sie sollten

*As this is a modal verb,
the second verb goes to
the end of the sentence.*

Zum Beispiel:
Sie hustet. Sie sollte
nicht so viel rauchen.

Modalverb   *Modal verb*

mögen *to like*
ich mag
du magst
er mag
sie mag
es mag
wir mögen
ihr mögt
Sie mögen
sie mögen

ZWEITER TEIL Verhältnisse sind auch für die Gesundheit wichtig

Relationships are important for your health too

This section explains how you can talk and write about your relationships with your family and friends.

Wie kommst du mit deinen Mitmenschen aus?

1. Ich komme mit meiner Schwester gut aus.

2. Ich verstehe mich sehr gut mit meinem Bruder.

3. Der Mathelehrer fällt mir auf den Wecker.

Ja, er fällt mir auch auf die Nerven.

4. Sie verstehen mich nicht.

Sie regen sich immer über mein Zimmer auf. 5.

6. Ich finde es nervend, daß meine Eltern so streng sind.

7. Meine Kinder streiten sich die ganze Zeit.

Which of the following phrases fit which illustrations?

– *gets on my nerves*
– *don't understand*
– *gets on my wick*
– *get all worked up*
– *get on well*
– *quarrel*

1  Hör zu!

Drei Leute sprechen über ihre Familien. Hör dir das Tonband an. Dann ordne die Abschnitte unten und auf Seite 44 richtig ein, indem du ihnen die richtigen Nummern gibst.

Zum Beispiel:

Nr. 1 = Abschnitt Nr. 4.

1. „Ich heiße Norbert, und ich bin fünfzehn Jahre alt. Ich verstehe mich eigentlich sehr gut mit meiner Familie. Wir sind zu fünft."

2. „Mein Bruder Wolfgang ist vier Jahre jünger als ich. Wir verstehen uns ganz gut (dafür, daß der Altersunterschied so groß ist). Manchmal ist er aber eifersüchtig auf mich, weil ich ja viel mehr darf als er."

der Altersunterschied (-e)	*age difference*
dafür, daß …	*considering that, given that*
eifersüchtig auf (+ acc.)	*jealous of*

3. „Mit meinem Vater zusammen unternehme ich sehr viel. Er hat ein Segelboot, das man an den Wagen anhängen kann. Wir fahren oft nach Holland zum Ijsselmeer und segeln dort. Das macht mir großen Spaß."

4. „Ich heiße Christine Kaufmann und bin siebzehn Jahre alt. Ich wohne mit meiner Mutter and mit meinem Bruder zusammen, weil meine Eltern sich vor einem Jahr getrennt haben."

5. „Mit meiner kleinen Schwester ist es schon ein bißchen anders. Mit ihrer ständigen Fragerei fällt sie mir ziemlich oft auf die Nerven. Wenn ich ihr dann etwas sage, regt sie sich schnell auf und läuft zur Mutti, um sich über mich zu beschweren."

sich beschweren *(wk)*	*to complain*
die Fragerei	*irritating questions*
ständig	*continual*

7. „Mit meiner Mutter und meiner Schwester verstehe ich mich aber auch ganz gut. Meine Mutter, deren Arbeit sehr anstrengend ist, ist trotzdem meistens guter Laune. Manchmal wenn sie abends von der Arbeit nach Hause kommt, ist sie müde und will sich natürlich erst mal ausruhen."

6. „Jedes zweite Wochenende verbringe ich bei meinem Vater. Das mache ich gern."

sich ausruhen *(wk)*	*to rest*

8. „Wir haben auch vieles gemeinsam. Wir sind beide in einer Theatergruppe im Jugendzentrum, wofür wir uns sehr interessieren."

gemeinsam *in common*

9. „Zu meiner Mutter habe ich ein sehr offenes Verhältnis, und wir kommen ganz gut miteinander aus. Sie ist sehr verständnisvoll, und mit ihr kann man über alles reden. Sie ist jetzt berufstätig, und obwohl sie sehr viel zu tun hat, hat sie immer Zeit für mich."

berufstätig *working*
reden *(wk)* *to talk*
das Verhältnis (-se) *relationship*

10. „Ich habe eine jüngere Schwester und einen älteren Bruder, mit dem ich mich so gut verstehe, daß es zwischen uns nie zu einem richtigen Streit kommt."

der Streit (-e) *quarrel, fight*

11. „Das einzige, worüber sie sich aufregt, ist mein Zimmer! Ich lebe gern in einer Unordnung, die ihr unerträglich ist. Ich kann nichts dafür. Von alleine komme ich so gut wie nie auf die Idee, mein Zimmer aufzuräumen."

12. „Manchmal fahre ich am Wochenende zu meinem Vater, den ich ansonsten selten sehe."

ansonsten *apart from this*

aufräumen *(wk)* *to tidy up, to clear up*
sich aufregen *(wk)* über + *acc.* *to get worked up about*
unerträglich *unbearable*

13. „Mein Name ist Wolfgang Kaufmann. Ich bin 13 Jahre alt, und ich wohne mit meiner Mutter und meiner älteren Schwester zusammen."

14. „Zwischen meinem Bruder und mir besteht ein gutes und enges Verhältnis. Immer wenn ich Probleme habe, kann ich zu ihm gehen und sie mit ihm besprechen."

Who is in a theatre group?
Who lives with his or her mother and sister?
Whose mother goes out to work?
Who gets angry about the state of someone's bedroom?
Whose family has five members?
Who has a younger sister?
Whose parents live apart?
Who quarrels with his or her sister?
Who is 17?
Who goes sailing?
Who can talk about anything with his or her mother?
Who lives with his or her mother and brother?
Who has a brother who is four years younger?
Who sees his or her father every second weekend?

2 🔊 Hör zu!

Hier sprechen Julia und Eva über ihre Familien.
Sieh dir zuerst den Wortschatz an!
Hör dir das Tonband an!

1. Beschreibe die Familien und Freunde von Julia und Eva.
2. Wie sind ihre Beziehungen zueinander?
3. Stell dir vor, du bist Julias Vater. Eine Partnerin spielt die Rolle von Julias Mutter. Die Eltern besprechen das Benehmen ihrer Tochter. Benutze die Fakten, die auf der Kassette genannt werden, und diskutiere Julia, indem ihr die verschiedenen Meinungen äußert.
4. Spiel die Rolle von Antje oder Antjes Mann Frank und beschreibe Eva und wie sie dir hilft.

die Beziehungen *(pl.)*	*relations*
Krach mit (jemandem) haben	*to have a quarrel with (somebody)*
der Neffe (-n)	*nephew*
die Nichte (-n)	*niece*
die Schwägerin (-nen)	*sister-in-law*
das Verständnis	*understanding*

3 Deine Eltern, deine Geschwister, deine Freunde, deine Lehrer ....
Wie kommst du mit ihnen allen aus? Hast du Probleme?
Besprich folgende Themen mit deinem Partner oder deiner Partnerin:

Dein Ausgehen und Nachhausekommen, deine Musik, das Aufstehen und Zubettgehen, das Zuhausesein, das Taschengeld, deine Schulzeugnisse, deine Kleider, Aufgaben zu Hause, dein Zimmer, deine Freunde, usw.

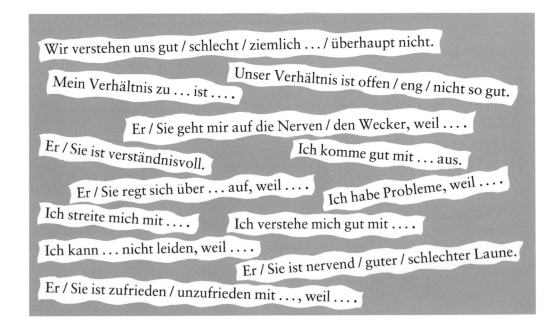

Wir verstehen uns gut / schlecht / ziemlich ... / überhaupt nicht.

Mein Verhältnis zu ... ist ....

Unser Verhältnis ist offen / eng / nicht so gut.

Er / Sie geht mir auf die Nerven / den Wecker, weil ....

Er / Sie ist verständnisvoll.

Ich komme gut mit ... aus.

Er / Sie regt sich über ... auf, weil ....

Ich habe Probleme, weil ....

Ich streite mich mit ....

Ich verstehe mich gut mit ....

Ich kann ... nicht leiden, weil ....

Er / Sie ist nervend / guter / schlechter Laune.

Er / Sie ist zufrieden / unzufrieden mit ..., weil ....

4 〔📼〕 **Hör zu!**

Hier spricht jemand über die Familienstruktur in Deutschland.
1. Sieh dir die Sätze unten an. Such dir die Sätze aus, die seiner Meinung entsprechen.
2. Faß seine Ideen auf Deutsch zusammen.

a. Immer mehr volljährige wohnen zu Hause.	b. Die Familienstruktur bleibt unverändert.	c. Alte Leute wohnen immer mehr im Seniorenheim.

d. Das Familienleben wird immer enger.

g. Die Familienstruktur hat sich verändert.

e. Wenige 19-jährige wohnen bei ihren Eltern zu Hause.

h. Die Familie löst sich auf.

i. Verwitwete Leute wohnen meistens alleine zu Hause.

f. Es ist gut, daß Senioren im Heim wohnen können.

j. Alte Leute bleiben bei ihren Familien.

k. Früher wohnten Großeltern oft bei ihren Kindern.

sich auflösen *(wk)*	*to disintegrate, to break up*
die Beziehung (-en)	*connection, relationship*
volljährig	*having reached the age of majority*
der Zusammenhalt	*cohesion, unity*

5 **Ein Gedicht und zwei Sorgenbriefe**

Liebe Brigitte,

mein Freund, den ich seit einigen Wochen kenne und zu dem ich ein sehr gutes Verhältnis habe, hat ein Problem mit seinen Eltern. Immer wenn er eine schlechte Note in der Schule schreibt, bekommt er Krach mit ihnen. Auch wenn er ihrer Meinung nach zu spät nach Hause kommt, gibt es ein richtiges Theater. Es endet immer mit Stubenarrest. Er hat jetzt Angst davor, nach Hause zu gehen. Ich liebe ihn sehr und möchte ihm helfen, weiß aber nicht wie.

Carla, 16

Liebesbeichte

Dû bist mîn. ih bin dîn.
des solt dû gewis sîn
dû bist beslozzen
in mînem herzen.
verlorn ist daz sluzzelîn.
du muost och immer darinne
sîn.

(13. Jahrhundert)

Angst haben vor *+ dat.*	*to be afraid of*
Krach bekommen	*to get into trouble*

Liebe Brigitte,

wie kommt man bloß mit Mädchen ins Gespräch? Ich finde es immer schwierig und weiß nicht, wie ich anfangen sollte. Ich hätte gern eine Freundin, aber ich fühle mich sehr befangen, besonders wenn ich ein Mädchen sehe, das mir wirklich gefällt. Ich laufe auch rot an, und dann komme ich mir ganz blöd vor. Vielleicht kommt es daher, daß ich keine Schwestern habe. Ich weiß nicht. Können Sie mir einige Tips geben?

Michael, 15

> befangen *inhibited*

Schreib einen Brief an eine Jugendzeitschrift über ein Problem. Es kann wahr oder erfunden *(invented)* sein.

Oder

Schreib einige Sätze über die Probleme deines Freundes oder deiner Freundin – die können auch erfunden sein.

Wiederholung

1 Stell deinem Partner oder deiner Partnerin Fragen über das Reisen! Dein Partner bzw. deine Partnerin hat eine Reise von London nach Deutschland gemacht, und du willst folgende Fragen stellen.

a. Wann hast du London verlassen?
b. Wie bist du gefahren?
c. Wie hast du die Überfahrt über den Kanal gemacht?
d. Wie war die Überfahrt?
e. Was hast du unterwegs gemacht?
f. Bist du umgestiegen? Wo war das?
g. Wann bist du angekommen?
h. Wie lange hat die Reise gedauert?

2 **Uhrzeiten und Daten**

a. Such dir eine Partnerin oder einen Partner und fragt euch gegenseitig, wie spät es ist.

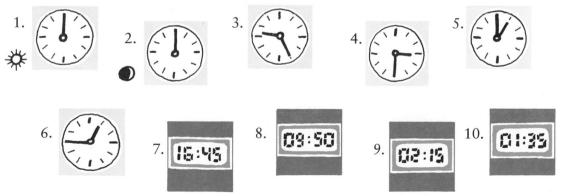

47

b. Das chinesische Horoskop – bist du ein Tiger oder ein Affe? Jedes Jahr hat sein eigenes Tier. Frag deine Klassenkameraden und -kameradinnen, wann sie geboren sind. Dann sag ihnen, was sie als Tierzeichen haben. Du kannst das auch für deine Familie und Verwandten kalkulieren. Der Zyklus dauert zwölf Jahre.

Die Ratte

24. Jan. 1936 – 10. Feb. 1937
10. Feb. 1948 – 28. Jan. 1949
28. Jan. 1960 – 14. Feb. 1961
15. Jan. 1972 – 2. Feb. 1973

Der Ochs

11. Feb. 1937 – 30. Jan. 1938
29. Jan. 1949 – 16. Feb. 1950
15. Feb. 1961 – 4. Feb. 1962
3. Feb. 1973 – 22. Jan. 1974

Der Tiger

31. Jan. 1938 – 18. Feb. 1939
17. Feb. 1950 – 5. Feb. 1951
5. Feb. 1962 – 24. Jan. 1963
23. Jan. 1974 – 10. Feb. 1975

Die Katze

19. Feb. 1939 – 7. Feb. 1940
6. Feb. 1951 – 26. Jan. 1952
25. Jan. 1963 – 12. Feb. 1964
11. Feb. 1975 – 30. Jan. 1976

Der Drache

8. Feb. 1940 – 26. Jan. 1941
27. Jan. 1952 – 13. Feb. 1953
13. Feb. 1964 – 1. Feb. 1965
31. Jan. 1976 – 17. Feb. 1977

Die Schlange

27. Jan. 1941 – 14. Feb. 1942
14. Feb. 1953 – 2. Feb. 1954
2. Feb. 1965 – 20. Jan. 1966
18. Feb. 1977 – 6. Feb. 1978

Das Pferd

15. Feb. 1942 – 4. Feb. 1943
3. Feb. 1954 – 23. Jan. 1955
21. Jan. 1966 – 8. Feb. 1967
7. Feb. 1978 – 27. Jan. 1979

Die Ziege

5. Feb. 1943 – 24. Jan. 1944
24. Jan. 1955 – 11. Feb. 1956
9. Feb. 1967 – 29. Jan. 1968
28. Jan. 1979 – 15. Feb. 1980

Der Affe

25. Jan. 1944 – 12. Feb. 1945
12. Feb. 1956 – 30. Jan. 1957
30. Jan. 1968 – 16. Feb. 1969
16. Feb. 1980 – 4. Feb. 1981

Der Hahn

13. Feb. 1945 – 1. Feb. 1946
31. Jan. 1957 – 17. Feb. 1958
17. Feb. 1969 – 5. Feb. 1970
5. Feb. 1981 – 24. Jan. 1982

Der Hund

2. Feb. 1946 – 21. Jan. 1947
18. Feb. 1958 – 7. Feb. 1959
6. Feb. 1970 – 26. Jan. 1971
25. Jan. 1982 – 12. Feb. 1983

Das Schwein

22. Jan. 1947 – 9. Feb. 1948
8. Feb. 1959 – 27. Jan. 1960
27. Jan. 1971 – 14. Jan. 1972
13. Feb. 1983 – 1. Feb. 1984

3 Arbeite mit einem Partner oder einer Partnerin!
Seht euch auch Seite 52 an!

*Check the accuracy of the information about the
people below by asking your partner for the correct
details given on page 52.
Note down the correct information.*

a.

Ist das alles wahr?
Eleonore Bauer, 36
Wohnort – Bern, Schweiz
   seit fünf Jahren
Adresse – Hummelstraße 56
Sekretärin bei Bosch
Auto – Mercedes, grün
Im Handballverein;
   spielt donnerstags und freitags
Ihr Freund – Harald Schwarz, 44
Adresse – Wallachstraße 77, Bern
Postbeamter
Auto – VW, schwarz

b.

Ist das alles wahr?
Bernd Scherer, 34
Beruf – Maurer seit sieben Jahren
Früher Busfahrer
Verheiratet, zwei Kinder:
   Ein Junge, ein Mädchen
Frau, 37 – Krankenschwester
Ferien letztes Jahr –
   zehn Tage in Spanien; Camping

4 Mit einem Partner oder einer Partnerin tausche
Information aus. Einer / Eine von euch ist aus
Deutschland, und der / die andere ist aus
Großbritannien.
Sieh auch Seite 59.

Stell folgende Fragen über die Stadt deines
Partners oder deiner Partnerin:

Wo liegt sie?
Ihre Größe?
Seit wann er / sie dort lebt?
Wie der Freizeitangebot ist?
Was es dort für Industrie gibt?

5 Arbeite mit einem Partner oder einer
Partnerin und gebt einander
Ratschläge. Der / Die eine sagt, daß
er / sie ein Problem hat, und der / die
andere macht einen Vorschlag. Die
Vorschläge können originell sein.

Zum Beispiel:
A: Ich habe Zahnschmerzen!
B: Du solltest deinen Kopf
   unter Wasser stecken.

Ich rauche 20
Zigaretten pro Tag.

Ich halte mich nicht fit.

Ich sitze abends meistens
vor der Flimmerkiste.

Ich trinke jeden
Tag mindestens
acht Tassen Kaffee.

Ich habe seit einem Jahr keine
Gymnastik mehr gemacht. Ich bin
zu dick geworden.

Ich habe Kopfschmerzen.

Morgens kommt es oft vor,
daß ich meinen Bus verpasse.

Ich habe keine Kondition mehr.

Ich bin todmüde.

Ich mache meine Hausaufgaben
zwischen 22.00 Uhr und 1.00
Uhr morgens. Dann kann ich
schlecht aufstehen.

49

3 Die medizinische Behandlung und Unfälle
Medical treatment and accidents

This section teaches you how to say what is wrong with you to a doctor and how you got the ailment or injury. It also teaches you how to describe a traffic accident.

1.
Ärztin: Was fehlt Ihnen denn?
Patient: Ich habe mich in die Hand
geschnitten.
Ärztin: Oh je! Und wie haben Sie das
gemacht?
Patient: Tja, ich war beim Kochen. Ich
habe es an einer Dose gemacht.

fünfter sein

tür auf
einer raus
einer rein
vierter sein

tür auf
einer raus
einer rein
dritter sein

tür auf
einer raus
einer rein
zweiter sein

tür auf
einer raus
einer rein
nächster sein

tür auf
einer raus
selber rein
tagherrdoktor

ernst jandl

2.
Ärztin: Was haben Sie denn?
Patientin: Oh, ich habe mir das Bein verletzt.
Es tut furchtbar weh. Hier am Knie.
Ärztin: Mm ... Wie haben Sie das gemacht?
Patientin: Es ist beim Skilaufen passiert.

3.
Patient: Ich habe etwas am Arm.
Ärztin: Also. Das sieht gar nicht gut aus.
Patient: Ja, es tut recht weh. Ich habe mir
den Arm beim Kochen verbrannt.
Ärztin: Lassen Sie mich mal sehen.

How did these people have their accidents?

4.
Ärztin: Was hast du denn gemacht?
Patient: Ich glaube, ich habe mir den
Fuß verstaucht.
Ärztin: Da wollen wir mal sehen.
Wie hast du das gemacht?
Patient: Das war beim Springen. Es
war bei der Leichtathletik;
ich bin dabei ausgerutscht.

5.
Patientin: Mir ist übel. Ich habe mich in
der Nacht erbrochen, und
mein Hals tut mir auch weh.
Ärztin: Sie haben sich erkältet, oder
vielleicht haben Sie auch eine
Grippe. Schauen wir uns mal den
Hals an. Mmm. Ja. Ich
verschreibe Ihnen Antibiotika.
Patientin: Oh, ich bin allergisch gegen
Penizillin.
Ärztin: OK. Dann verschreiben wir
etwas anderes.

What are the problems here?

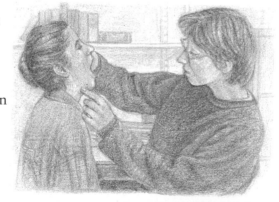

*ausrutschen	to slip
sich erbrechen (sich erbricht, sich erbrach, sich erbrochen)	to be sick, to vomit
sich erkälten (wk)	to catch a cold
sich verletzen (wk)	to injure oneself
verschreiben (verschreibt, verschrieb, verschrieben)	to prescribe
verstauchen (wk)	to sprain (wrist or ankle)

1 📼 Hör zu!

Notiere das, was mit diesen Leuten los ist. Gib die Nummer der Beschwerde und den Grund dafür.

die Beschwerde (-n) *complaint*

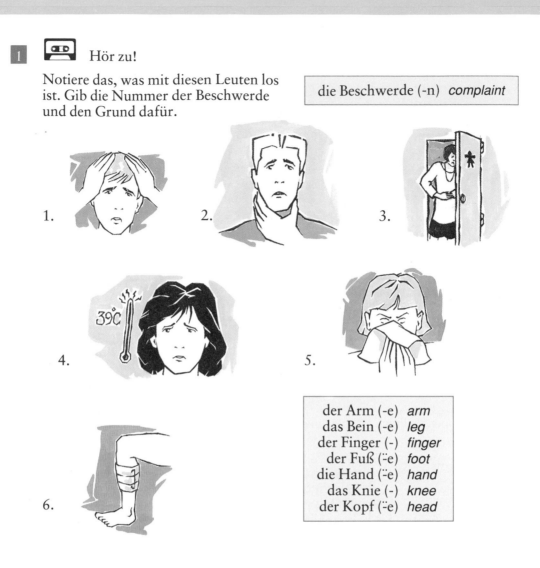

der Arm (-e)	*arm*
das Bein (-e)	*leg*
der Finger (-)	*finger*
der Fuß (-̈e)	*foot*
die Hand (-̈e)	*hand*
das Knie (-)	*knee*
der Kopf (-̈e)	*head*

Sieh dir Seite 49, Übung 3 an!
Arbeite mit einem Partner oder einer Partnerin!

a.

Die Wahrheit
Eleonore Bauer, 34
Wohnort – Bern, Schweiz seit drei Jahren
Adresse – Hummelstraße 56
Verkäuferin bei Bosch
Auto – Mercedes, grün
Im Handballverein – spielt mittwochs
Ihr Freund – Helmut Schwarz, 36
Adresse – Wallachstraße 77, Bern
Postbeamter
Auto – VW, schwarz

b.

Die Wahrheit
Bernd Scherer, 43
Beruf – Maurer seit fünf Jahren
Früher Busfahrer
Verheiratet, zwei Mädchen
Frau, 41 – Arzthelferin
Ferien letztes Jahr –
zwei Wochen in Spanien, Hotel Aurora

2 📼 Hör zu!

Noch einige Beschwerden. Diese Leute sind bei der Ärztin. Sie erzählen, was mit ihnen los ist, und wie oder wo das passiert ist. Notiere die richtigen Nummern und die passenden Buchstaben.

3   Was hat die folgenden Beschwerden verursacht?
Was würden diese Leute sagen?

| verursachen *(wk)* *to cause* |

1. Ich habe mir das Bein gebrochen.

2. Ich habe mir den Fuß verstaucht.

3. Ich habe mir den Arm verletzt.

4. Ich habe mir den Kopf verletzt.

5. Ich habe mir die Hand verbrannt.

6. Ich habe mich in die Hand geschnitten.

7. Ich habe mich in den Arm geschnitten.

8. Ich habe einen Sonnenbrand bekommen.

9. Eine Biene hat mich gestochen.

10. Ich habe mich erbrochen.

11. Ich habe mich erkältet.

4   Hör zu!

Man ruft beim Arzt bzw. bei der Ärztin an.
Notiere was los ist und die Uhrzeit des Termins oder was der Patient bzw. die Patientin machen sollte.

5 *Could you say what was wrong with you if you had a problem? One of you says what is wrong with you; the other points to the appropriate picture.*

6 Übt mit einer Partnerin oder einem Partner Dialoge! Seht euch auch Seite 61 an!
Ask your partner what is wrong with these people and what happened to them. Then reply to your partner's questions.

1. Karin   Wie ist das passiert?

2. Jens   Wie ist das passiert?

3. Inge   Wie ist das passiert?

4. Manfred Was ist mit ihm los?

5. Karl   Was ist mit ihm los?

6. Jutta   Was ist mit ihr los?

55

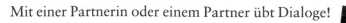

7 Mit einer Partnerin oder einem Partner übt Dialoge!

Zum Beispiel:

1. A: Guten Tag. Praxis Dr. Schellinger.
   B: Guten Tag. Ich möchte einen
      Termin ausmachen.
   A: Ja. Für heute?
   B: Ja, bitte.
   A: Wie wäre es mit 10 Uhr?
   B: Das ist ein bißchen früh. Ist es
      möglich etwas später?
   A: Ja. Um 15 Uhr.
   B: Das wäre gut.
   A: Wie heißen Sie, bitte?
   B: Braun.
   A: In Ordnung Frau Braun. Also,
      heute um 15 Uhr.

	1	2	3	4
A:	Praxis …	Praxis …	Praxis …	Praxis …
B:	Termin?	Termin?	Termin?	Termin?
A:	9.00 Uhr?	15.00 Uhr?	9.30 Uhr?	14.30?
B:	Später?	Früher?	Später?	Später?
A:	11.00?	13.30 Uhr?	18.00 Uhr?	17.15?
B:	✔	✔	✔	✔
A:	Name?	Name?	Name?	Name?
B:	Gib Name.	Gib Name.	Gib Name.	Gib Name.
A:	Also …	Also …	Also …	Also …

Zum Beispiel:

2. A: Praxis Dr. Schellinger.
   B: Guten Tag. Hat der Herr Doktor
      heute einen Termin frei?
   A: Nein. Leider nicht. Erst morgen.
   B: Um wieviel Uhr?
   A: Um 14 Uhr. Geht das?
   B: Ja. Danke schön.
   A: Wie heißen Sie, bitte?
   B: Schulz. Bernhard Schulz.
   A: Danke, Herr Schulz. Also, morgen um 14 Uhr.

Jetzt übt Dialoge wie die Nummer 2 oben!

8 Imagine that you are in one of the German-speaking countries and that you are interpreting for a friend who cannot speak German. You need to explain to the doctor what your friend's problem is, etc. Your partner can take the doctor's part.

Some useful phrases:

Ihm / Ihr ist übel.	Ich verschreibe ihm / ihr Tabletten / eine Salbe *(ointment)*.
Ihm / Ihr ist kalt / warm.	
Ihm / Ihr tut der Hals / Arm, usw. weh.	Er / Sie muß ins Bett / ins Krankenhaus gehen.
Er / Sie hat sich erkältet.	Er / Sie hat sich den Fuß verstaucht.
	Er / Sie hat sich den Arm, usw. verletzt.

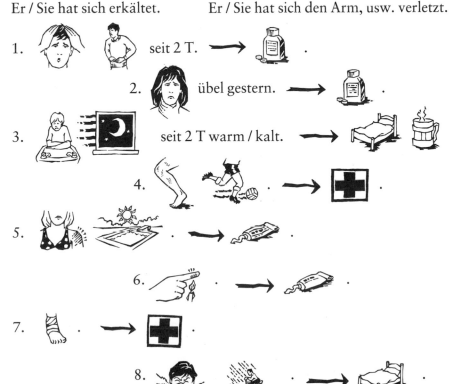

1.   seit 2 T. ⟶   .

2.   übel gestern. ⟶   .

3.   seit 2 T warm / kalt. ⟶   .

4.   . ⟶   .

5.   . ⟶   .

6.   ⟶   .

7.   . ⟶   .

8.   . ⟶   .

Hoffnung für den kleinen Karl

Für den kleinen Karl gibt es jetzt Hoffnung. „Ohne die Hilfe der Gemeinde hätten wir nie genügend Geld gehabt." sagte Karls Vater. „Der Kleine freute sich sehr auf die Reise."

Weil für den kleinen Karl in Deutschland keine Behandlung möglich war, mußte man ihn nach Amerika schicken. Da seine Eltern sich das finanziell nicht leisten konnten, hatten sie die Hoffnung auf eine Besserung fast aufgegeben. Es sah aus, als ob das Kind nie mit anderen Kindern spielen und laufen würde. Er konnte kein normales Leben führen, mußte ständig im Bett bleiben und mußte immer Diät halten.

Nun scheint das alles vorbei zu sein. Die Gemeinde hat genügend Geld für eine Therapie in Los Angeles gesammelt. Mutter und Kind flogen gestern für drei Monate nach Kalifornien, wo Frau Professor Ringbaum sie herzlich empfing. Die Neubrücker Zeitung und die ganze Gemeinde wünschen Karl alles Gute und freuen sich auf seine baldige Wiederkehr.

die Besserung	*improvement*
empfangen (empfängt, empfing, empfangen)	*to receive*
die Gemeinde (-n)	*parish*
die Hoffnung (-en)	*hope*
sich etwas leisten *(wk)*	*to afford*
die Wiederkehr	*return*

9 Falsch oder richtig? Verbessere die falschen Sätze!

1. Die Eltern haben die Reise bezahlt.
2. Karl konnte nur in Amerika die richtige Behandlung bekommen.
3. Sein Vater flog mit.
4. Er wird ein halbes Jahr in Los Angeles verbringen.

10 Schreib einen kurzen Artikel für den Lokalteil der Zeitung über Karls Besuch in Kalifornien und seine Rückkehr nach Deutschland.

Einige Ideen:
- Einladung aus Kalifornien
- das ursprüngliche Geldproblem
- was die Gemeinde gemacht hat, um Geld zu sammeln
- Sport, usw. gesponsert
- die Gefühle der Eltern
- die Reise
- wer mit dem Kind ging
- das kranke Kind – dünn und bleich, usw.
- das Kind nach drei Monaten
- Karl und die Schule
- was das Kind dazu sagt

bleich	*pale*
sponsern *(wk)*	*to sponsor*
ursprünglich	*original*

Hurting yourself		
Ich habe mir Er hat sich Sie hat sich	den Arm die Hand die Finger das Bein	verletzt. gebrochen.
	den Fuß verstaucht. die Hand verbrannt.	
Ich habe mich in die Hand geschnitten. Er / Sie hat sich in die Hand geschnitten.		

I did it while I was ... bei + verbal noun		
Ich habe es	beim Kochen beim Fußballspielen beim Laufen beim Bügeln beim Radfahren	gemacht.

WIR IN BONN

Bonner Adressen für Information, Beratung, Hilfe . . .

Zum Thema Gesundheit:

Gesundheitsamt der Stadt Bonn, Engeltalstr. 6, Bonn 1, Zentrale Tel.-Nr.: **77-1 (77 37 87)** Anmeldung

Sich dir Seite 49, Übung 4 an!

A.

Die deutsche Stadt

In Südostdeutschland
8000 Einwohner
Seit 6 Jahren
Freizeitangebot:
  nicht viel
  kleine Stadt
  Fußballplatz
  Schule hat Sporthalle
    und kleines Schwimmbad
  kein Kino
  kein Jugendklub
Industrien:
  ländlich – Bauernhöfe
  Metallbearbeitung
  Elektronikfabrik
  Käse
  Tourismus
Berge in der Nähe

B.

Die britische Stadt

Nordengland
55 000 Einwohner
Seit Geburt
Freizeitangebot:
  gut
  großes Freizeitzentrum mit
    Schwimmbad, Sauna,
    Café
  Park mit See
  Tennisplätze
  Jugendklubs
  gute Geschäfte; Markt
Industrien:
  ziemlich viel; einige
    Probleme zur Zeit
  Maschinenfabriken
  Möbelfabriken

Volkers Unfall

Von Anfang an sah es aus, als würde alles schieflaufen. Um 6.30 wartete Volker wie immer an der Straßenecke. Sein Kollege kam immer um diese Zeit vorbei und holte ihn ab.

An diesem Mittwoch kam der Kollege erst um 7.00 Uhr. Er hatte Schwierigkeiten mit dem Auto gehabt.

„Der Motor hat nicht anspringen wollen," sagte er Volker, der ihn fragend ansah. „Heute fängt es ja gut an."

Sie kamen also mit ziemlicher Verspätung im Betrieb an.

Volker ist LKW-Fahrer und muß jeden Morgen als erstes seinen LKW beladen. An diesem Mittwoch, da er durch die Verspätung viel Zeit verloren hatte, beeilte er sich und paßte nicht hundertprozentig auf. In seiner Eile ließ er eine große Kiste auf seinen linken Fuß fallen. Er hatte starke Schmerzen und konnte nicht mehr richtig gehen.

Zuerst rief ein Kollege den Betriebssanitäter herbei, der erste Hilfe leistete.

„Dieser Fuß gefällt mir nicht," meinte er. „Am besten fahre ich dich sofort in die Klinik, und wir lassen den Fuß röntgen."

„Na gut, wenn du meinst," sagte Volker, der sich vor lauter Schmerzen kaum bewegen konnte. „Arbeiten kann ich mit diesen Schmerzen sowieso nicht."

Dann half man ihm vorsichtig ins Auto und brachte ihn sofort in die Klinik. Man röntgte den Fuß und stellte fest, daß zwei Knochen gebrochen waren. Dann legte man den Fuß in Gips und schrieb Volker für acht Wochen krank.

Schließlich brachte man ihn nach Hause.

In den nächsten Wochen mußte er in die Klinik. Dort untersuchte man den Fuß.

Erst nach zwei Monaten durfte er wieder arbeiten.

beladen (belädt, belud, beladen)	*to load*
er durfte arbeiten	*he was allowed to work*
die Eile	*hurry*
erste Hilfe leisten *(wk)*	*to give first aid*
die Kiste (-n)	*box, crate*
lauter	*sheer*
röntgen lassen	*to have X-rayed*

11 Schreib einen kurzen Artikel für die städtische Zeitung uber diesen Unfall.
Zusätzliche, relevante Information:
- Volker ist Stürmer *(forward)* in der örtlichen Fußballmannschaft.
- Er ist Trainer der Jugendmannschaft.
- Während fast zwei Monaten durfte er nicht Auto fahren.

12 Hör zu!

Hör dir das Tonband ‚Unfälle im Betrieb' zu, dann schreib einen kurzen Artikel
für die Betriebszeitschrift: ‚Einer unserer Kollegen hat einen Betriebsunfall gehabt.'

- Warum ist es passiert?
- Was sind die Folgen für die Arbeit des Betriebs?
- Sicherheit am Arbeitsplatz. Gib den Standpunkt des Betriebsrats und warum die
  Sicherheitsvorschriften so wichtig sind.

13 *Role-play explaining the accident, as
though you were Volker, to your wife
or brother, or as though you were
Volker's wife explaining it and the
consequences to a friend.*

- Was ist mit dir (ihm)? Was ist los?

Zeitwörter	
zuerst, erst mal	*first*
dann	*then*
danach, anschließend	*after that*
schließlich	*finally*

Sieh dir Seite 55, Übung 6 an!

Übt mit einer Partnerin oder einem Partner Dialoge!

1. Karin   Was ist mit ihr los?

2. Jens   Was ist mit ihm los?

3. Inge   Was ist mit ihr los?

4. Manfred   Wie ist das passiert?

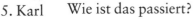

5. Karl   Wie ist das passiert?

6. Jutta   Wie ist das passiert?

Straßenunfälle

14 Hör zu!

Was ist passiert?
Sieh dir die Skizzen an und wähle die richtige!

1.
a. 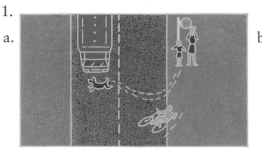   b.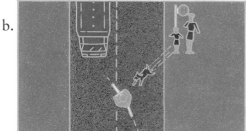

c.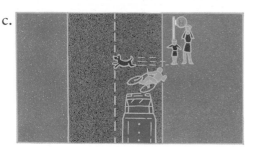

2.
a.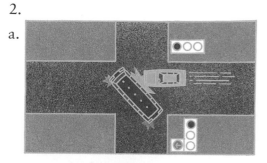

b. 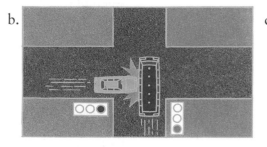   c.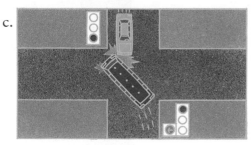

15 Kannst du einen Plan von diesen zwei Unfällen zeichnen?

Wir sind mit einer Geschwindigkeit von ungefähr vierzig Stundenkilometern die Straße entlang gefahren. Unsere Ampel war grün.

Da kam ein Lastwagen aus einer Seitenstraße rechts. Er fuhr sehr schnell, und meine Mutter hatte kaum Zeit zu bremsen. Sie hat versucht auszuweichen. Unser Auto ist ausgerutscht und mit einem anderen Auto zusammengestoßen, das aus der entgegenkommenden Richtung kam. Der LKW-Fahrer ist ausgestiegen und hat geschimpft. Meine Mutter hat aber nichts gesagt, sondern hat einen Zeugen gesucht. Der hat gesagt, daß der Lastwagenfahrer Schuld daran war.

> *<u>aus</u>weichen (weicht aus, wich aus, ausgewichen) *to avoid, swerve*
> der Lastwagen (-) *lorry*
> der LKW (Lastkraftwagen) *lorry*
> schimpfen *(wk)* *to curse, swear*
> der Zeuge (-in / -n) *witness*

Ein Auto wollte links einbiegen und hat gewartet. Der Fahrer hat geblinkt. Ein anderes Auto ist aus der gleichen Richtung von hinten darauf zugefahren. Der Fahrer hat nicht aufgepaßt und nicht gehalten. Er ist mit dem anderen Wagen hinten zusammengestoßen. Ein Motorradfahrer, der hinter dem zweiten Wagen hergefahren ist, geriet ins Schleudern und fiel auf die Straße. Ich habe den Krankenwagen herbeigerufen, weil der Motorradfahrer sich verletzt hatte.

> <u>auf</u>passen *(wk)* *to pay attention*
> *ins Schleudern geraten *to get into a skid*

16 Kannst du diese zwei Unfälle beschreiben?

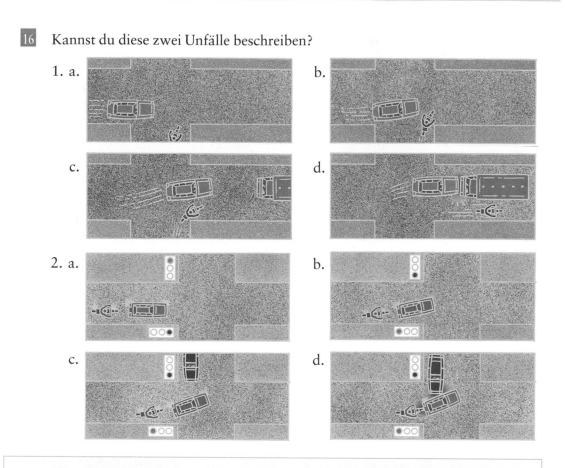

1. a.   b.   c.   d.

2. a.   b.   c.   d.

Was man machte

Er / Sie ist die Straße entlang gefahren. *He / She drove along the street.*
mit einer Geschwindigkeit von ... Stundenkilometern *at ... kilometres an hour*

Wie es war

Es regnete. *It was raining.*
Es schneite. *It was snowing.*
Es war nebelig. *It was foggy.*
Es gab viel Verkehr. *There was a lot of traffic.*
Die Ampel war grün. *The lights were green.*

Aus welcher Richtung?

aus einer Seitenstraße *from a side road*
von der rechten Seite *from the right*
aus der entgegenkommenden Richtung *from the opposite direction*

Fehler

... ist zu schnell gefahren. *... drove too fast.*
... hat nicht aufgepaßt. *... didn't pay attention.*
ohne zu blinken *without signalling.*
... hat die Ampel / den Blinker nicht gesehen. *... didn't see the ....*
... hat nicht gehalten. *... didn't stop.*

Vor dem Unfall

… hat versucht, das Auto zu vermeiden.	… *tried to avoid the car.*
auszuweichen	*to take avoiding action*
bremsen	*to brake*
… ist ins Schleudern geraten.	… *got into a skid.*
Das Auto ist ausgerutscht.	*The car skidded.*

Der Unfall

Sie sind zusammengestoßen.	*They crashed into each other.*
… ist mit dem anderen Wagen zusammengestoßen.	… *crashed into the other car.*
Er / Sie ist … gefallen.	*He / She fell down.*

17 Zum Lesen

Langlebige Holländer

Nach einer in Paris veröffentlichten Statistik leben die Niederländer in der Europäischen Gemeinschaft am längsten. Frauen werden dort im Durchschnitt 78,5, Männer 75 Jahre alt. Frankreich kommt in der EG auf Platz zwei mit einem Durchschnittsalter der Frauen von 78 und der Männer von 70 Jahren. Nach den Angaben des Dokumentations- und Informationszentrums des Versicherungswesens folgen dann Dänen, Briten, Italiener, die Deutschen, die Belgier, die Luxemburger, die Griechen und die Iren. AP

die Angabe (-n)	*information*
der Durchschnitt (-e)	*average*
veröffentlicht	*published*
das Versicherungswesen (-)	*insurance business, insurance world*

1. a. Where were these statistics published?
   b. Which group of countries do the figures cover?
   c. In which of these countries do people live the longest?
   d. Make a list of the countries in the order of life expectancy of their inhabitants.

Notdienste

Die Zahnärzte Dr. H. Rüde, Holsterhausen, Gemarkenstr. 76, Tel. 77 83 22 und H.-J. Buschmann, Borbeck, Bocholder Str. 183, Tel. 68 12 62 haben heute von 16 bis 18 Uhr Notfallbereitschaft.

Der Tierarzt Dr. Hens, Altendorfer Str. 390, Tel. 62 62 32 ist heute dienstbereit.

Der Notdienst der Ärzte ist in dringenden Fällen von heute 14 Uhr bis Donerstag 7 Uhr wie folgt zu erfragen: Beim Hausarzt, Polizei 110, Feuerwehr 112, Fernsprechauftragsdienst 114. Außerhalb der genannten Zeit den behandelnden Arzt anrufen.

2. a. Can you find the misprint in this newspaper cutting?
   b. Which dentists are on duty today and at what times?
   c. If your cat were injured today where could you take it?

65

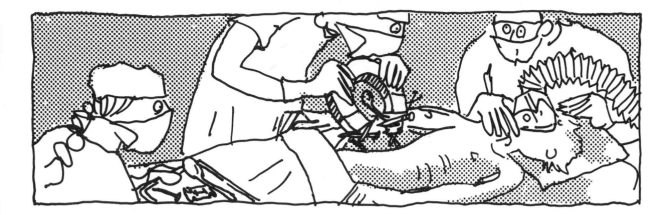

1,3 Kilo Eisen im Magen

Ein Ärzteteam hat in einem Krankenhaus der schwedischen Stadt Helsingborg aus dem Magen eines jungen Mannes Metallgegenstände mit einem Gewicht von rund 1,3 Kilo zu Tage gefördert. Zu dem seltsamen Metallager im Magen gehörten Löffel, Nägel, Rasierklingen und Glas. Der 17 Jahre alte Sven Lindström wurde mit Bauchschmerzen in ein Krankenhaus gebracht. Durch eine Röntgenuntersuchung wurde festgestellt, daß der Jugendliche über einen langen Zeitraum Metallgegenstände geschluckt haben muß. AP

der Gegenstand (¨e)	*object*
das Lager (-)	*store*
zu Tage fördern *(wk)*	*to bring up into daylight (a mining expression)*
die Rasierklinge (-n)	*razor blade*

3. a. Why did the young man go to hospital?
   b. What was the first thing done to him on arrival in hospital?
   c. What was found in his stomach?

18  Zum Lesen und Hören

Die Medizin und die Tiere – sollten wir Versuche mit Tieren machen?

1. Hör dir das Tonband ‚Der Mensch und die Tiere‘ zu.
   Faß die Gesichtspunkte in diesen Abschnitten und auf dem Tonband zusammen.

2. Mit einigen Klassenkameraden und -kameradinnen zusammen, entwirf eine kurze Radiosendung über dieses Thema.

> das Ergebnis (-se) *result, outcome*
> der Krebs *cancer*
> der Versuch (-e) *experiment*

Meiner Meinung nach sind Versuche mit Tieren notwendig. Wie könnten die Ärzte und die Medizin im allgemeinen vorankommen, wenn wir solche Versuche nicht erlaubten? Die Ergebnisse von einem paar Versuchen können Millionen helfen. Wie könnten wir zum Beispiel den Krebs besser verstehen, ohne Tierversuche?
Gerlinde Pietrek

Ich bin nicht dafür, daß wir Tiere für unsere Zwecke quälen. Wir sind auch Tiere und gehören mit anderen Lebewesen zur Welt. Wir sollten die Umwelt schützen und die Tiere kennenlernen. Sie sind viel empfindlicher als wir denken.
Jörg Schwab

> empfindlich *sensitive*
> quälen *(wk) to torture*
> schützen *(wk) to protect*
> der Zweck (-e) *purpose*

Wir müssen solche Versuche machen – aber nicht aus reiner Neugierde. Sie müssen einem guten Zweck dienen. Versuche für Kosmetikartikel dienen meines Erachtens keinem guten Zweck.
Margot Boos

> dienen *(wk) to serve*
> die Neugierde *curiosity*

Ich glaube, daß man zu sentimental ist, wenn es um Tiere geht. Sind Menschen nicht wichtiger als Tiere? Zwar brauchen wir Regelungen, damit Tiere nicht leiden, aber wir dürfen nicht vergessen, daß Tiere nicht so empfindlich sind wie wir Menschen.
Erich Koch

> leiden (leidet, litt, gelitten) *to suffer*

Es ist eine Schande, daß wir Tierversuche für Kosmetika erlauben. Diese sogenannten Wissenschaftler schmieren allerlei in die Augen von Kaninchen, zum Beispiel. Wir jagen auch die Walfische aus diesen Gründen. Und alles, um uns zu ‚verschönen‘! Das finde ich unverschämt.
Eva Selzer

> jagen *(wk) to hunt*

Naturschutz in Baden-Württemberg

Naturschutz verband

Deutscher Bund für Vogelschutz

Landesverband
Baden-Württemberg e.V.

Sicher hast du festgestellt, daß die Tiere unsere Hilfe brauchen. Auch du kannst mithelfen!

Wir haben dir ein paar Beispiele aufgezählt:

Nimm Rücksicht auf die Tiere. Wenn du zum Beispiel im Frühjahr beobachtest, daß ein Vogelpaar in einer Hecke brütet, dann störe die Vögel nicht. Vermeide heftige Bewegung und Lärm in der Nähe. Beunruhige die Tiere nicht. Gut ist es aber, wenn du sie vorsichtig beobachtest, vielleicht mit Hilfe eines Fernglases. Denn nur, wenn du die Tiere kennst, kannst du ihnen helfen.

Vielleicht willst du Nistkästen für Vögel aufhängen. Denke aber auch daran, daß man auch für andere Tiere etwas tun kann. Wenn Hecken und Obstbäume geschnitten werden, kannst du Reisig sammeln und es in einer ruhigen Gartenecke aufstapeln. Der Igel und die Kröte werden dankbar dafür sein.

Im Garten kannst du sehr viel für die Tiere tun. Zum Beispiel eine bunte Blumenwiese anlegen, die für Schmetterlinge und viele anderen Insekten Heimat ist. Auch viele Vögel finden hier Nahrung. Überlege mit deinen Freunden, was man alles zu Hause machen kann. In einem etwas größeren Garten kann man zum Beispiel einen Tümpel anlegen.

---

auf dem land

rininininininininDER
brüllüllüllüllüllüllüllEN

schweineineineineineineineinE
grununununununununZEN

hunununununununununDE
bellellellellellellellEN

katatatatatatatatZEN
miauiauiauiauiauiauiauEN

katatatatatatatatER
schnurrurrurrurrurrurrurrEN

gänänänänänänänSE
schnattattattattattattattERN

ziegiegiegiegiegiegiegEN
meckeckeckeckeckeckeckERN

bienienienienienienienEN
summummummummummummummEN

grillillillillillillillEN
zirririririririrPEN

fröschöschöschöschöschöschöschE
quakakakakakakakakEN

hummummummummummummummELN
brummummummummummummummEN

vögögögögögögögEL
zwitschitschitschitschitschitschERN

ernst jandl

---

der Igel (-)	*hedgehog*
die Kröte (-n)	*toad*
das Reisig (-)	*twigs, brushwood*
der Schmetterling (-e)	*butterfly*
der Tümpel (-)	*pond*

3. Der Tierschutz beginnt zu Hause!
   Mach ein Poster, das zeigt, wie man Tieren helfen kann.

Wiederholung

1 How do you ask a guest if he or she would like to do one of the following things?
Versuch das zuerst mit ‚du' und dann mit ‚Sie'.

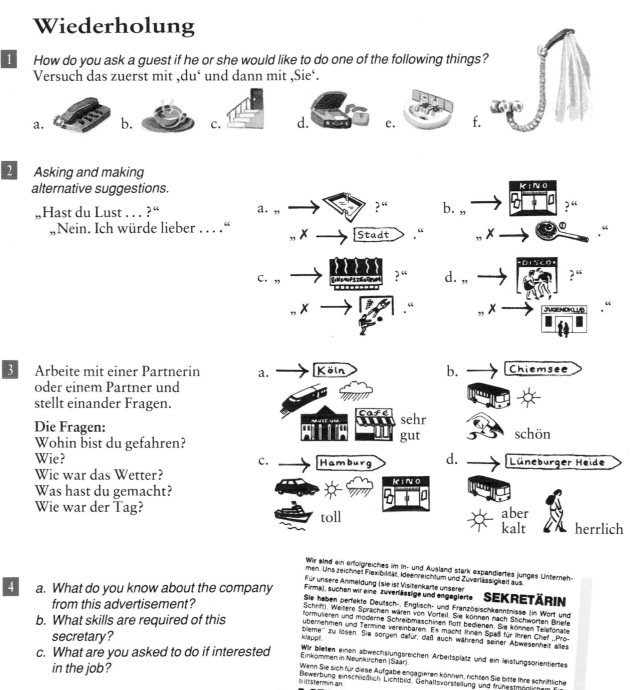

a.　　b.　　c.　　d.　　e.　　f.

2 Asking and making alternative suggestions.

„Hast du Lust . . . ?"
　„Nein. Ich würde lieber . . . ."

a. „ ⟶ ?"　　b. „ ⟶ KINO ?"
　„ X ⟶ Stadt ."　　„ X ⟶ ."

c. „ ⟶ EINKAUFSZENTRUM ?"　　d. „ ⟶ DISCO ?"
　„ X ⟶ ."　　„ X ⟶ JUGENDKLUB ."

3 Arbeite mit einer Partnerin oder einem Partner und stellt einander Fragen.

Die Fragen:
Wohin bist du gefahren?
Wie?
Wie war das Wetter?
Was hast du gemacht?
Wie war der Tag?

a. ⟶ Köln　MUSEUM　Café　sehr gut

b. ⟶ Chiemsee　schön

c. ⟶ Hamburg　KINO　toll

d. ⟶ Lüneburger Heide　aber kalt　herrlich

4
a. What do you know about the company from this advertisement?
b. What skills are required of this secretary?
c. What are you asked to do if interested in the job?

Wir sind ein erfolgreiches im In- und Ausland stark expandiertes junges Unternehmen. Uns zeichnet Flexibilität, Ideenreichtum und Zuverlässigkeit aus.
Für unsere Anmeldung (sie ist Visitenkarte unserer Firma), suchen wir eine **zuverlässige und engaglerte** **SEKRETÄRIN**
Sie haben perfekte Deutsch-, Englisch- und Französischkenntnisse (in Wort und Schrift). Weitere Sprachen wären von Vorteil. Sie können nach Stichworten Briefe formulieren und moderne Schreibmaschinen flott bedienen. Sie können Telefonate übernehmen und Termine vereinbaren. Es macht Ihnen Spaß für Ihren Chef „Probleme" zu lösen. Sie sorgen dafür, daß auch während seiner Abwesenheit alles klappt.
Wir bieten einen abwechslungsreichen Arbeitsplatz und ein leistungsorientiertes Einkommen in Neunkirchen (Saar).
Wenn Sie sich für diese Aufgabe engagieren können, richten Sie bitte Ihre schriftliche Bewerbung einschließlich Lichtbild, Gehaltsvorstellung und frühestmöglichem Eintrittstermin an:

MYAC (R) Fleischtechnologie GmbH
Postfach 251
D 6571 Neunkirchen

Telefon (0 64 16) 80 61
Telex 444 106 myac d

5 Partnerarbeit. Stellt einander Fragen und schreibt dann entweder eine Beschreibung des Partners oder der Partnerin, oder nehmt die Beschreibung auf Tonband auf.

Themen zu besprechen: Alter, Geburtstag, Wohnort, usw., Familie, Geldfragen (Job, Taschengeld), Schule (Lieblingsfächer, Verhältnis zu den Lehrern, usw.), Freizeitgestaltung, Probleme, Wünsche nach der Schulzeit.

4 Die Ferien

ERSTER TEIL **Die Ankunft**

Arriving

This section teaches you how to book into a campsite or a hotel, and how to write to friends about your holiday.

Campingplätze mit Zelten und Wohnwagen

1 🔲 Hör zu! ●

Mach eine Kopie dieser Liste und notiere die Wünsche der Leute, die ankommen.

	1	2	3	4	5
△					
🚐					
◑ × ?					
👫 × ?					
Platz Nr.23?					

Der Zeltplatz in Mosen in der Schweiz

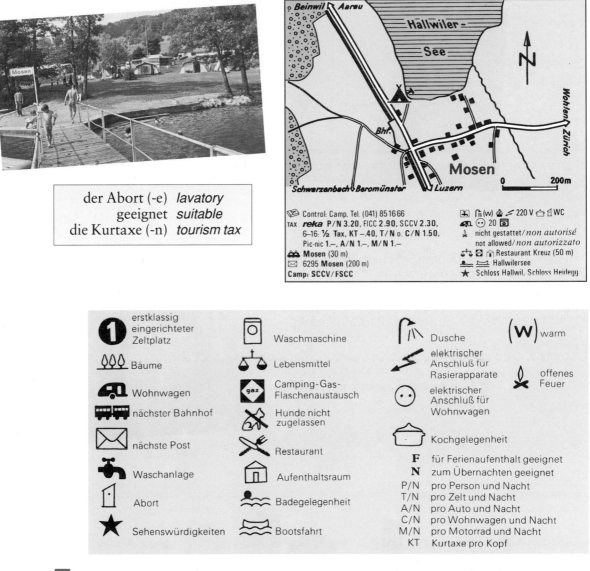

der Abort (-e) *lavatory*
geeignet *suitable*
die Kurtaxe (-n) *tourism tax*

Control: Camp, Tel. (041) 85 16 66
TAX **reka** P/N 3.20, FICC 2.90, SCCV 2.30,
6–16: ½ Tax, KT –.40, T/N o. C/N 1.50,
Pic-nic 1.–, A/N 1.–, M/N 1.–
Mosen (30 m)
6295 **Mosen** (200 m)
Camp: SCCV/FSCC

220 V WC
20
nicht gestattet/*non autorisé*
not allowed/*non autorizzato*
Restaurant Kreuz (50 m)
Hallwilersee
Schloss Hallwil, Schloss Heidegg

Symbol	Bedeutung
1	erstklassig eingerichteter Zeltplatz
	Bäume
	Wohnwagen
	nächster Bahnhof
	nächste Post
	Waschanlage
	Abort
	Sehenswürdigkeiten
	Waschmaschine
	Lebensmittel
gaz	Camping-Gas-Flaschenaustausch
	Hunde nicht zugelassen
	Restaurant
	Aufenthaltsraum
	Badegelegenheit
	Bootsfahrt
	Dusche
(w)	warm
	elektrischer Anschluß für Rasierapparate
	offenes Feuer
	elektrischer Anschluß für Wohnwagen
	Kochgelegenheit

F   für Ferienaufenthalt geeignet
N   zum Übernachten geeignet
P/N   pro Person und Nacht
T/N   pro Zelt und Nacht
A/N   pro Auto und Nacht
C/N   pro Wohnwagen und Nacht
M/N   pro Motorrad und Nacht
KT   Kurtaxe pro Kopf

2

1. *At the Mosen campsite itself can you*
   - *get a warm meal?*
   - *cook in a communal kitchen?*
   - *bring your dog?*
   - *buy milk?*
   - *do your washing?*
   - *watch television in your caravan?*
   - *exchange gas bottles?*
   - *shave with an electric razor?*

2. Auf diesem Zeltplatz kann man

   – für sich ... .

   – sich elektrisch ... .

   – sich ... .

   – Lebensmittel ... .

   – die Wäsche ... .

   – Gasflaschen ... .

Eine Familie kommt an

1. „Haben Sie noch Platz frei, bitte?"
   „Ja. Für ein Zelt oder für einen Wohnwagen?"
   „Für einen Wohnwagen."
   „Und wie lange möchten Sie bleiben?"
   „Eine Woche. Bis zum nächsten Freitag, dem zehnten August. Vier Personen."

2. „Möchten Sie einen Stellplatz mit oder ohne Strom?"
   „Wir brauchen keinen, danke."
   „Also. Sie können sich umschauen und sich einen Stellplatz aussuchen. Die Plätze sind vor den Bäumen da drüben."
   „Kann ich dort am See parken?"
   „Ja. Das geht. Sie bekommen Platz Nummer 27."

3. „Wie heißen Sie, bitte?"
   „Familie Persch."
   „Also, Herr Persch, würden Sie bitte dieses Anmeldeformular ausfüllen?"
   „Wann müssen wir zahlen?"
   „Am Ende Ihres Aufenthalts."
   „Kann ich hier Gasflaschen austauschen?"
   „Ja. Nebenan im Geschäft."

| der Stellplatz (ⁱe) | *site* |
| der Strom | *(here) electricity* |

3 🔊 Hör zu! ●

Kannst du dieses Formular ausfüllen?

**Anmeldeformular –
Campingplatz Reinken**

Name: ....

Ankunft: ....

Abreise: ....

Anzahl der Personen: ....

🚲 ☐   🏍 ☐   🚗 ☐   ⛺ ☐   🚐 ☐

Stellplatznummer: ....   Mit / Ohne Strom: ....

**CAMPINGPLATZ
HATTENHEIM
OFFICE**

Erwachsene
Adults ___ DM

Kinder bis 12 Jahre
Children under 12 years DM

Auto
Car ___

Wohnwagen
Trailer ___ DM

Wohnmobile ___ DM

VW-Bus, Zelt, Boot
VW-bus, tent, boat ___ DM

Moped - Motorrad
Motor - bycicle ___ DM

Strom pro Nacht
Electricity per night ___ DM

Besucher
Visitor ___ DM

4 Wähle eine Partnerin oder einen Partner und ergänze folgende Dialoge!

Bei der Anmeldung am Campingplatz

1.
„...?"

  „Ja. Haben Sie ein Zelt oder einen Wohnwagen?"

„ ⛺ ."

  „Wie lange wollen Sie bleiben?"

„4 × 🌙 ."

  „Wie viele Personen sind das?"

„2."

  „Wie alt sind Sie?"

„17."

  „Dann sind Sie Erwachsene. Haben Sie einen Wagen dabei?"

„ 🚲 🚲 ."

  „Füllen Sie bitte dieses Anmeldeformular aus."

2.
„...?"

  „Ist das für ein Zelt oder einen Wohnwagen?"

„ ⛺ 🚐 ."

  „Wie viele Personen, bitte?"

„7."

  „Und wie lange wollen Sie bleiben?"

„10 × 🌙 → 21. Juli."

  „Ist das mit oder ohne Strom?"

„ ☺ ✓ ."

  „Tragen Sie sich bitte ein."

„ ◆ ?"

  „Ja. Hier nebenan im Geschäft."

3. *Make up similar conversations. The partner playing the part of the campsite warden should make a note of the campers' requirements.*

5 🔲 Hör zu! ●

1. Listen to the two conversations. For each one note the facilities mentioned by putting a tick in the appropriate box.

		Dialog 1	Dialog 2
1	🥘		
2	◆gaz◆		
3	✕		
4	(w) 🚰		
5	(w) 🚿		
6	⬜		
7	⚖		
8	⊙		
9	✉		
10	🏊		

2. Now listen to the conversations again.

Dialogue 1

a. What do these campers do about meals?

b. How do they know what the restaurant is like?

c. Have the enquirers a tent or a caravan?

d. How much does it cost for this? Are they quoted an exact price?

e. How will they recognise where the site is?

Dialogue 2

a. How far is the site?

b. What do the people say about the availability of electricity and gas?

c. How much does it cost for a tent or a caravan?

d. What additional charges are mentioned?

6 Übe mit einem Partner oder einer Partnerin Dialoge!
Finding out. You want to know some details about sites.
Your partner has the answers on page 86. Take turns.

You want to find out

1. – *if there is a site nearby, e.g.*

   △c —→ km?

   Gibt es hier in der Nähe ... ?

2. – *if it has certain facilities, e.g.* ⚖
   Kann man dort ... ?
   Gibt es dort einen / eine / ein ... ?

3. – *what cost are, e.g.* DM? ▱ ?
   Was kostet eine Übernachtung?
   Wie sind die Gebühren?
   Was kostet es für ... ?

b.
   △c ?   —→ km?
   ⚖ ?   ✕ ?
   DM?   ▱ ?

c.
   △c ?   —→ km?
   ◆gaz◆ ?   🚿 warm?
   DM?   ▱ ?   ✕ ?

a.
   △c ?   —→ km?
   🚿 ?   ⬜ ?
   DM?   🚐 ?

d.
   △c ?   —→ km?
   ⬜ ?   🏊 ?
   DM?   🚐 ?

7 Zum Lesen

Liebe Sally!

Wir haben einen sehr schönen Zeltplatz hier in Oberösterreich gefunden. In der Nähe des Flußes und sehr schön zum Wandern. Bisher keinen Regen.

Martin läßt Dich grüßen.

Deine Gabi

Sally Hardcastle
2, Long Furrow,
East Glen, Notts,

England

1. What does Gabi say about her camping holiday?

Lieber Michael,

wir sind gestern hier angekommen. Wir sind mit dem Rad durch ganz Schleswig-Holstein gefahren. Zeltplätze sind nicht so teuer. Nächstes Jahr solltest Du mitmachen. Gestern gab es einen starken Wind, der uns sehr geholfen hat!

Dein Kai

M. Eckland
29, Old Lane,
Titchley,
Staffs.
Großbritannien

2. Where is Kai?
Where have they been?
What does he say?

Liebe Familie Stannard,

viele Grüße aus der Schweiz sendet Euch die Familie Schwarz. Wir sind mit dem Wohnwagen auf dem Weg nach Tirol. Bisher hat es nur geregnet.

Wir hoffen aber auf besseres Wetter!

Eure Karla Schwarz

foto-grafik

Mr. + Mrs
Stannard and Family
185, Wentworth Road

Doncaster

England

3. Where are they going?
Where is that?
What has the weather been like?

8 Schreib eine Postkarte an einen Freund oder eine Freundin!
Write a postcard from the Mosen campsite to a German-speaking friend – look at the details of things given (on page 71) that you can do there, to give you some ideas.

Wann bist du angekommen?
Wohnst du in einem Zelt oder
   in einem Wohnwagen?
Wie ist das Wetter?
Was machst du?

Apart from at the hotel, where could you get a room?

9 📼 Hör zu!

Karla arbeitet am Empfang im Hotel
Sonnenfels, und sie versucht den
Touristen zu helfen, die ankommen.
Welches Zimmer bekommen sie?
Schreib die Nummern der Zimmer auf!

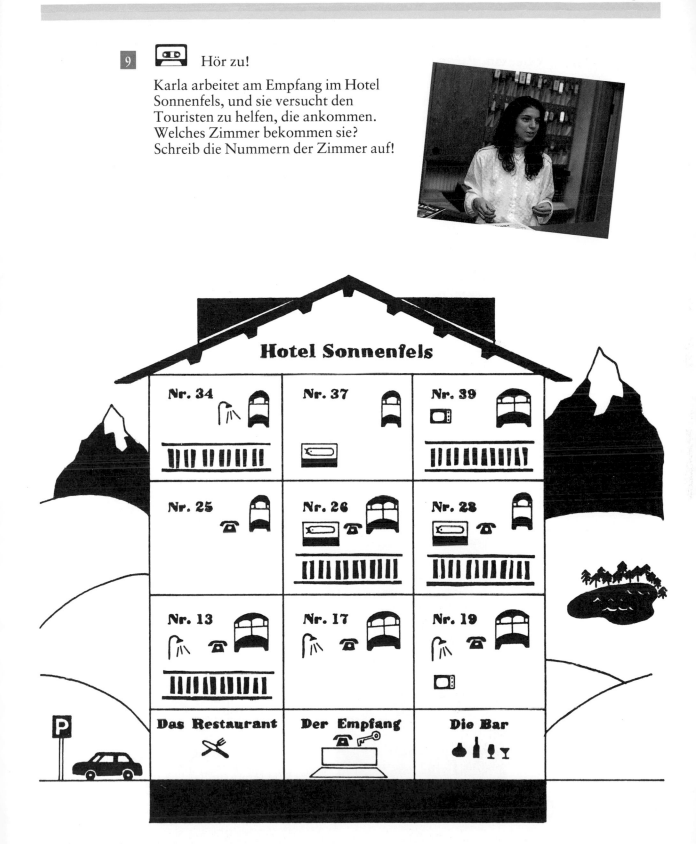

10 Wähle eine Partnerin oder einen Partner und übt Dialoge!

Zum Beispiel:

A: Guten Tag. Haben Sie ein Zimmer frei?

B: Guten Tag. Ja. Möchten Sie ein Einzel- oder ein Doppelzimmer?

A: Ein Einzel- und ein Doppelzimmer mit Bad, bitte.

B: Wie lange wollen Sie bleiben?

A: Vier Nächte. Bis Donnerstag.

B: Also. Das Einzelzimmer kostet 50.- DM, und das Doppelzimmer kostet 70.- DM.

A: Ist das mit Frühstück?

B: Ja.

A: Danke schön. Ich nehme die zwei Zimmer, bitte.

B: Danke. Das sind Zimmer Nummern 19 und 24. Möchten Sie Halb- oder Vollpension?

A: Halbpension, bitte.

Schüler / Schülerin A

Der Tourist / Die Touristin möchte

1 bis 7 .
Preis?
Ist das mit oder ohne Frühstück?
Er / Sie nimmt das Zimmer.
Halb- oder Vollpension?

Schüler / Schülerin B

Am Empfang

Nummer	Zimmer	Preis
26		50.-
27		70.-
28		70.-
29		45.-
30		75.-
31		55.-
32		50.-
33		55.-

Wie lange wollen die Gäste bleiben?
Möchten sie Halb- oder Vollpension?

11 Hör zu!

Diese Leute sind nicht direkt ins Hotel, sondern zum Verkehrsamt gegangen, um eine Unterkunft zu finden. Die Touristen stellen folgende Fragen:

Können Sie eine preiswerte Pension empfehlen?
Können Sie ein preiswertes Gasthaus empfehlen?
Ist das Frühstück im Preis inbegriffen?

| empfehlen (empfiehlt, *to recommend* |
| empfahl, empfohlen) |
| inbegriffen *included* |
| die Unterkunft (¨e) *accommodation* |

Notiere
– die Nummer des Gasthauses oder der Pension.
– ob sie Doppel- oder Einzelzimmer möchten.
– den Preis des Zimmers.
– ob das Frühstück im Preis inbegriffen ist, und wenn nicht, was es kostet.

ob *whether*

	Hotel	Zimmer	Zimmer-preise	Frühstück
1	Gasthaus zum Hirsch		25.- DM 27.- DM	Ja Nein
2	PENSION SCHERER		30.- DM 35.- DM 38.- DM	Preise 3.- DM
3	PENSION Waldeck		40.- DM 45.- DM	3.50 DM 4.- DM
4	GASTHAUS ZUM VOGEL		50.- DM	4.50 DM
5	Pension Bergmann			

12 Mit einem Partner oder einer Partnerin übt Dialoge!

A: Eine preiswerte Pension / Ein preiswertes Gasthaus?
B: Pension / Gasthaus Adler / Behrens / Hausmann / Kühn / Mohr / Schreiner.
A: Preis? – 🛏 🛏 ?
B: Preise – von 25.- DM bis 40.- DM.
A: Frühstück?
B: Ja / Nein. (Kostet ... DM.)

13 Kannst du diesen Unsinn verbessern?

„Guten Preis. Ich suche eine Nacht."
    „Für wie viele Nächte?"
„Für eine Unterkunft. Können Sie ein preiswertes Frühstück empfehlen?"
    „Ja. Das Auto Bärenhof."
„Was kostet eine Dusche?"
    „Es kostet 51.- DM."
„Ist das mit Übernachtung?"
    „Ja."
„Und ist das Hotel im Tag inbegriffen?"
    „Ja, sicher. Sind Sie mit dem Gasthaus da?"
„Nein. Zu Fuß."

14 Zum Lesen

1.

Lieber Klaus,
wir sind in einem tollen Hotel hier in den Bergen. Wir essen sehr gut. Wir gehen jeden Tag wandern, und am Abend schwimmen wir im See – was ziemlich kalt ist!
Alles Gute,
Deine Krista

Klaus Schneider
Koppelgasse 35
Wien
Österreich

2.

Liebe Christine,
    wir haben sehr schönes Wetter hier an der Nordsee. Wir verbringen fast den ganzen Tag am Strand. Jutta ist ganz rot durch die Sonne geworden! Unsere Pension ist nicht weit vom Strand entfernt. Wir haben schon Fahrräder gemietet.
    Bis bald,
        Dein Horst

Miss Christine Stock
24, Ingle Drive,
Brent,
Essex,
Großbritannien

der Strand (¨e) *beach*

Welche Bilder passen zu den Postkarten? Gib die Nummern und Buchstaben an!

a.   b.   c.   d.   e.   f.   g.   h.

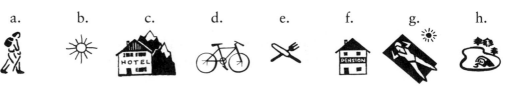

15 Schreib eine Postkarte an einen deutschsprachigen Freund bzw. eine Freundin!

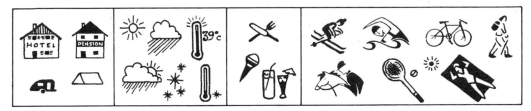

16 Zum Lesen

Freies Campen nur in zwei Ländern erlaubt

Schweden und Norwegen beweisen Toleranz

RUHRGEBIET (adac)

Nur in zwei Ländern Europas kann man noch sein Zelt dort aufschlagen, wo es einem gefällt. Campingfreunde brauchen in Schweden überhaupt keine Genehmigung und in Norwegen nur dann, wenn sie in der Nähe von Bauernhöfen übernachten wollen. Zwar ist das freie Campen in Portugal formell ebenfalls erlaubt, doch wird es in der Praxis oft nicht geduldet, so daß man nur in Notfällen sein Zelt außerhalb von Campingplätzen aufschlagen sollte.

In Deutschland, Belgien, Dänemark, Finnland, Großbritannien, Italien, Luxemburg, den Niederlanden, Österreich und in der Schweiz kann man sein Zelt oder seinen Wohnwagen mit einer Genehmigung des Grundstückseigentümers – also eines Privatbesitzers, der Gemeinde oder des Forstamtes – aufstellen.

Generell verboten ist das freie Campen in Bulgarien, Rumänien und Ungarn, während man in Frankreich, Griechenland, Jugoslawien und Spanien unter Umständen eine Ausnahmegenehmigung von den örtlichen Behörden erhalten kann. Das gilt in Notfällen auch für Polen. Dort und in der CSSR darf man aber auf dem Grundstück von Verwandten oder Freunden sein Ferien-Domizil aufschlagen. Für die Türkei wird dringend vom freien Zelten abgeraten. Hier sollte man sich in Notfällen an die Polizei wenden.

<u>ab</u>raten	*to warn, advise against*
die Ausnahme (-n)	*exception*
die Behörde (-n)	*authority*
dulden *(wk)*	*to tolerate*
erhalten	*to receive*
das Forstamt (¨er)	*forestry office*
gelten für	*to hold true for*
die Gemeinde (-n)	*municipality*
die Genehmigung (-en)	*permit, authorisation*
der Privatbesitzer (-)	*private owner*
unter Umständen	*possibly*
ein Zelt aufschlagen	*to put up a tent*

Hast du diesen Zeitungsartikel gut verstanden? Versuch mal diese Fragen auf Englisch zu beantworten!

1. *In which European countries is free camping allowed?*
2. *Under what circumstances would you need a camping permit in Norway?*
3. *What are you told about camping in Portugal?*
4. *What regulations apply to both Germany and Great Britain?*
5. *Which three countries do not tolerate unauthorised camping?*
6. *How could you get round the general ban on free camping in France?*
7. *What are the camping regulations in Poland and Czechoslovakia?*
8. *What are you advised to do in Turkey, if you can't find any room at a campsite?*

Das Zelten – Vorteile und Nachteile

1. Zelten macht mir Spaß, weil ich gerne im Freien bin. Ich fühle mich auch ungebunden – keine feste Essenszeiten und so weiter. Man kann einfach machen, was man will. Man ist flexibel und total unabhängig.
   Karl

unabhängig	*independent*
ungebunden	*unconstrained*

2. Das Zelten – aus dieser Idylle wird meistens nichts! Die Nachbarn stören einen ganz schön, entweder mit ihrer Musik oder ihren Autos. Man kann zum Beispiel nicht früh ins Bett, wenn man dazu Lust hat, wegen des Krachs.
   Brigitte

3. Ich ziehe Campingplätze vor, weil sie preiswerter als Gasthäuser sind, und trotzdem hat man alles, was man braucht – sanitäre Anlagen, gute Duschen, sogar Waschmaschinen. Und alles zu einem sehr günstigen Preis.
   Jörg

4. Es macht einfach Spaß. Wenn das Wetter gut ist, fahre ich mit Freunden los. Wir fahren ins Blaue und bleiben dort, wo es uns gefällt.
   Heidi

ins Blaue fahren	*to go off into the blue, anywhere*

5. Das Kochen im Freien ist einfach zu lästig. Bei Wind oder Regen ist es unpraktisch.
   Inge

lästig	*burdensome*

6. Beim Camping fühle ich mich der Natur nah. Man ist weit von der Stadt entfernt, von allem Lärm und Schmutz. Die Luft ist einfach reiner, und alles duftet so schön. Kleinere Campingplätze gefallen mir am besten.
   Georg

duften *(wk)*	*to smell*

7. Ich gehe gern campen, weil ich mich gern mit gleichgesinnten Leuten aus verschiedenen Ländern treffe. Abends sitzt man zusammen und trinkt und quatscht. Vielleicht grillt man etwas. Ich habe überall gute Brieffreunde, die ich beim Zelten kennengelernt habe.
Kirsten

| gleichgesinnt *like-minded* |

8. Wir haben einmal gezeltet. Es hat aber die ganze Zeit geregnet, und wir waren die ganze Zeit entweder im Zelt oder im Café. Unsere Klamotten waren nie trocken, sondern die ganze Zeit feucht. Für uns nie wieder. Und dann war es auch kalt. Am frühen Morgen wachte ich immer durchgefroren auf.
Evelin

| feucht *damp* |

9. Es sind die Insekten, die ich nicht leiden kann. Selbst wenn man sich mit einer Salbe einschmiert, ist man nicht geschützt. Sie gehen mir auf die Nerven.
Falko

10. Wir fahren jedes Jahr mit dem Zelt in Urlaub. Das Freizeitangebot auf den größeren Campingplätzen ist in den meisten Fällen sagenhaft gut. Freibäder gibt's, Minigolf, Tennis, Bootsverleih und so weiter. Und dann trifft man sich mit Leuten, mit denen man viel Gemeinsames hat.
Karola

| sagenhaft *incredibly, amazingly* |

11. Der Boden ist viel zu hart. Nein danke!
Bruno

17

1. Schreib einige Sätze, die die Vor- und Nachteile vom Zelten hervorbringen.
2. Stell dir vor, du bist eine / einer von diesen obengenannten Personen, und erzähl von einem Campingurlaub, den du gemacht hast.

Einige Stichwörter:

Wo?	Was gemacht?
Wann?	Probleme?
Mit wem?	Spaß?

ZWEITER TEIL Im voraus reservieren
Booking in advance

This section teaches you how to book accommodation in advance by letter or telephone.

1

Haus Heck

G. Hubertus - Seestraße 13   *Tel. 07651/8265*
- Modern eingerichtete Pension in zentraler Lage
- 3 Min. vom See entfernt
- Zimmer mit fl. warm. u. kalt. Wasser
- Zentralheizung
- Bad und Dusche
- gepflegter Aufenthalts- und Fernsehraum.

Seledon, den 3. April

Sehr geehrte Damen und Herren,

wir sind eine Familie von fünf Personen und möchten im nächsten Sommer vom 1. 6. bis 15. 6. auf Ihrem Campingplatz zelten. Wir kommen in einem PKW.

Könnten Sie uns bitte eine Preisliste schicken? Wir werden Ihnen nach Erhalten des Informationsmaterials die Reservierung bestätigen.

Wir hoffen, bald Nachricht von Ihnen zu erhalten.

Vielen Dank im voraus für Ihre Mühe,

Ihre

J. Meredith

bestätigen *(wk)*	*to confirm*
das Erhalten	*reception, receipt*
die Mühe	*trouble*
die Nachricht (-en)	*news*

What will they be staying in?
How will they be travelling?
What do they ask for?
What will they do when they have the information?

Harrogate, den 5.4.91

Sehr geehrte Damen und Herren,

wir beabsichtigen, eine Deutschlandreise zu machen und bitten um Reservierung eines Doppel- und eines Einzelzimmers für die Zeit von Samstag, dem 4.8. bis Sonntag dem 12.8. inklusive. Können Sie uns bitte schreiben, ob eine Anzahlung nötig ist?

Ich lege einen adressierten Umschlag und einen internationalen Antwortschein bei und würde mich über eine baldige Bestätigung freuen.

Vielen Dank im voraus.

Mit freundlichen Grüssen,

Ihr

K. Lownes

What two things are enclosed with the letter?
What does the writer particularly request?

UNION POSTALE UNIVERSELLE — COUPON-RÉPONSE INTERNATIONAL — C 22

Ce coupon est échangeable dans tous les pays de l'Union postale universelle contre un ou plusieurs timbres-poste représentant l'affranchissement minimal d'une lettre ordinaire, expédiée à l'étranger par voie de surface.

Empreinte de contrôle du pays d'origine (date facultative)	Prix de vente (indication facultative)	Timbre du bureau qui effectue l'échange

ein Antwortschein

der Antwortschein (-e)	*international reply coupon*
die Anzahlung (-en)	*deposit*
baldig	*rapid, early*
beabsichtigen *(wk)*	*to intend*
beilegen *(wk)*	*to enclose*
die Bestätigung (-en)	*confirmation*

Newcastle, den 19.3.91

Lieber Herbergsleiter,

wir beabsichtigen, im kommenden Sommer eine Radtour durch die Schweiz zu machen. Könnten Sie bitte zwei Betten für die Nächte vom 3.7. bis 5.7. inklusive reservieren? Wir sind zwei Mädchen.

Ich lege einen adressierten Umschlag und einen internationalen Antwortschein bei und freue mich auf eine baldige Antwort.

Ihre

H. Norman

In der Schweiz sagt man lieber ‚Herbergsleiter' und ‚Herbergsleiterin' als ‚Herbergsvater' und ‚Herbergsmutter'.

What are their plans?
Are J. Meredith, K. Lownes and H. Norman men or women?

Verkehrsverein Mainz e.V.

6500 Mainz, Bahnhofstraße 15
Postfach 41 40
Telefon (06131) 23 37 41
Telex 4 187 725 VVM

21. März 1992

De./ul.

Sehr geehrte Frau Simmonds,

herzlichen Dank für Ihren Brief, in dem Sie um Auskünfte über Hotels in unserer Stadt bitten. Anbei finden Sie ein Hotelverzeichnis und einen Prospekt über unsere Gegend.

Wenn Sie ein Hotel buchen wollen, schicken Sie uns bitte Ihre Wünsche, und wir werden uns bemühen, für Sie etwas Passendes zu finden.

Wir freuen uns, wieder von Ihnen zu hören,

Mit herzlichem Gruß,

Ihre

F. Deckarm

F. Deckarm

Anlagen

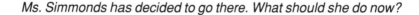

DER FREMDENVERKEHR BEFRUCHTET ALLE GEWERBE

sich bemühen *(wk)*	*to take trouble, to make an effort*
das Hotelverzeichnis (-se)	*list of hotels*
passend	*suitable*
der Prospekt (-e)	*brochure*

Ms. Simmonds has decided to go there. What should she do now?

Sieh dir Seite 74, Übung 6 an!

Die Antworten:

a.
⛺c ⟶ 4 km Neustadt
🚿 ✗ ⬜ ✓
🚐 = 4.- DM pro Nacht

b.
⛺c ⟶ 3 km Hemen
⚖ ✓ 🍴 ✗
△ = 2.- DM pro Nacht

c.
⛺c ⟶ 5 km Vogtel
◈ ✗ 🚿 warm ✓
△ = 3.- DM 🍴 in der Nähe

d.
⛺c ⟶ 6 km Soltau
⬜ ✗ 〰 ✓
🚐 = 3.50 DM pro Nacht

Ein Telefongespräch

 Herr Turner hat angerufen, um seine Reservierung zu ändern.

Empfang: Guten Tag. Hier das Hotel am Markt.
Herr Turner: Guten Tag. Mein Name ist Turner, und ich möchte eine Reservierung ändern.
Empfang: Ja, Herr Turner. Für wann hatten Sie eine Reservierung?
Herr Turner: Das war vom 2. bis zum 8. August. Ein Doppelzimmer. Die Termine gehen leider nicht. Ich brauche noch ein Einzelzimmer. Wir sind jetzt zu dritt.
Empfang: Und für wann möchten Sie jetzt reservieren?
Herr Turner: Vom 3. bis zum 12., wenn das möglich wäre.
Empfang: Ja. Das geht in Ordnung. Also, ein Doppel- und ein Einzelzimmer vom 3. bis zum 12. August.
Herr Turner: Soll ich das schriftlich bestätigen?
Empfang: Nein. Das ist nicht nötig. Danke. Auf Wiederhören.
Herr Turner: Auf Wiederhören.

schriftlich	*in writing*
ändern *(wk)*	*to alter, change*
zu dritt sein	*to be three in number*

What alteration is Mr. Turner making to his booking?

Am Markt (garni) Stadtmitte (Fußgängerzone), ruhige Lage, Autoanfahrt, 5 Min. zu S- und Trambahn
Helliggeiststraße 6 · 8 München 2 · Telefon 22 50 14 s. Hotel-Nr. 201

2 Hör zu!

Diese Leute wollen ihre Reservierungen ändern.
Gib die Buchstaben der Namen und die Nummern der alten und der neuen
Reservierungen!

a. Henderson
b. Neubaum
c. Konz
d. Ranker
e. Beissel
f. Turner

1. 15. – 20. Juli   1 × + .

2. 3. – 10. Jan.   1 × ; 1 × + ; 1 × .

3. 18. – 27. April   1 × ; 1 × .

4. 20. – 26. Okt.   1 × ; 1 × + .

5. 5. – 12. Aug.   1 × + ; 1 × + .

6. 10. – 15. Juli   1 × + .   7. 3. – 10. Aug.   1 × ; 1 × .

8. 3. – 10. Jan.   1 × ; 1 × .   9. 20. – 29. Okt.   1 × .

10. 10. – 17. April   1 × + / ; 1 × .

11. 2. – 8. Aug.   1 × .

12. 3. – 12. Aug.   1 × ; 1 × .

3 Mit einer Partnerin oder einem Partner übt Dialoge!

Gast: Gebt Namen und sagt, daß er / sie die Reservierung ändern möchte.
Empfang: Für wann haben Sie reserviert / gebucht?

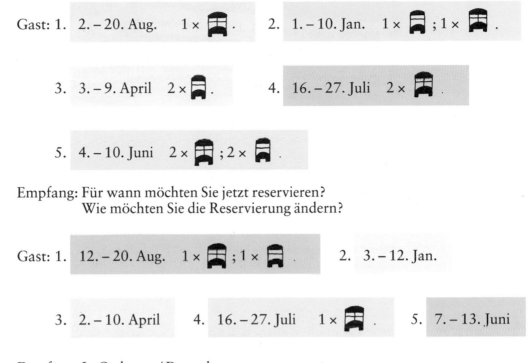

Gast: 1. 2. – 20. Aug.   1 × .   2. 1. – 10. Jan.   1 × ; 1 × .

3. 3. – 9. April   2 × .   4. 16. – 27. Juli   2 ×

5. 4. – 10. Juni   2 × ; 2 × .

Empfang: Für wann möchten Sie jetzt reservieren?
         Wie möchten Sie die Reservierung ändern?

Gast: 1. 12. – 20. Aug.   1 × ; 1 × .   2. 3. – 12. Jan.

3. 2. – 10. April   4. 16. – 27. Juli   1 × .   5. 7. – 13. Juni

Empfang: In Ordnung / Das geht.
         (Wiederholt die neue Reservierung.)
Gast: ?
Empfang: Ja / Nein.

4 **Ein Rätsel!** ●

Schreib diese Briefe in der richtigen Reihenfolge ab!

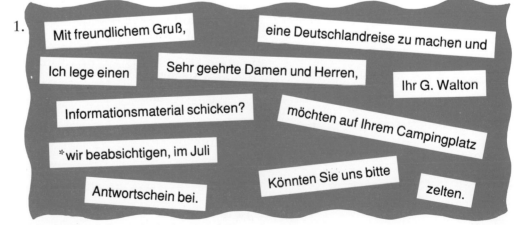

1.
Mit freundlichem Gruß,

eine Deutschlandreise zu machen und

Ich lege einen

Sehr geehrte Damen und Herren,

Ihr G. Walton

Informationsmaterial schicken?

möchten auf Ihrem Campingplatz

*wir beabsichtigen, im Juli

Könnten Sie uns bitte

Antwortschein bei.

zelten.

*Hier beginnt der Inhalt des Briefes.

2.

Sehr geehrte Herbergseltern,

*wir haben vor, im kommenden

Können Sie bitte drei Betten für die

Antwortschein bei.

ein Junge.

Nächte vom 14. bis 16. Juli reservieren?

Wir sind zwei Mädchen und

Sommer Neustadt zu besuchen.

Ich lege einen

Ihre J. Peckham

*Hier beginnt der Inhalt des Briefes.

5 1. Wie schreibt man folgendes auf Deutsch?
   a. I hope to hear from you soon.
   b. Many thanks in advance.
   c. I enclose an envelope.

   2. *How many ways can you think of to say the following in German?*
      'We are planning to go to Germany.'

6 Ergänze folgende Sätze!

   1. Wir bitten um ... eines Doppelzimmers mit ....
   2. Bitte ... Sie uns zwei Einzelzimmer.
   3. Ich werde nach Erhalten Ihrer Antwort die ... bestätigen.
   4. Ich lege ... internationalen ... bei.

7 Ergänze folgende Briefe!

   1.
   Sehr geehrte ...,
   wir beabsichtigen, im ... Sommer, eine Deutschlandreise zu ... und möchten auf Ihrem ... zelten. Wir sind
   eine Familie von vier, und wir ... zwei Zelte.

   Wir ... um eine Reservierung zweier Zeltplätze vom
   8.7. bis 19.7. Könnten Sie uns bitte eine Preisliste ...?

   Ich ... einen adressierten ... und einen internationalen
   ... bei.

   Mit freundlichen Grüßen,

   Ihre

2.

> Sehr geehrte ... ,
>
> wir haben ... , zu Weihnachten eine Deutschlandreise zu machen und zwar ... 18.12. ... 29.12. Bitte ... Sie uns ein ... mit ... und zwei Einzelzimmer.
>
> Wir freuen uns auf eine baldige ... .
>
> Ihr

8

1. Schreib ans Verkehrsamt, Rotenburg!
Du willst zu Pfingsten den Schwarzwald besuchen.
Du möchtest ein Hotelverzeichnis und eine Preisliste.

2. Schreib einen Brief an die Pension Becker, Fürstenweg 3, Ehlendorf!
Du willst zu Weihnachten Deutschland besuchen – 20.12.–27.12.
Du brauchst ein Doppelzimmer und ein Einzelzimmer.
Du bittest um eine Reservierung.

3. Schreib an einen Campingplatz!
Deine Familie zählt sechs Mitglieder.
Ihr hofft, nächsten Sommer die Schweiz zu besuchen.
Du möchtest einen Platz reservieren – 13.7.–21.7.
Ihr habt zwei Zelte.
Was legst du bei?

9

You are secretary of the local twinning association and you have agreed to write off to Germany for people in the association who want to go on holiday in the area of your twin town. The following are parts of messages which they have left on your answerphone. Write a letter to the tourist office in the twin town, giving details of what people are looking for and their reasons, and ask for advice.

"I know that Mrs Burgess would like a little hotel in the country. You know she lost her husband not long ago, don't you? Well, she'd like a nice view from her room if possible, please. We thought we'd like to eat in mostly and go for walks in the country, so could you try and find out about those things?"
Mrs Burgess' sister and Mrs Burgess

"What we want, please, is a quiet little hotel on the outskirts of the town. We'll have our car with us. Don't forget that my husband is lame. He can't manage stairs, so the hotel has to have a room on the ground floor or a lift."
Mrs Freeman

"We're looking for a hotel which takes young children. We have three all under the age of eight. Could you try to find us one which isn't too expensive, please? Some, I know, give you reductions for little children – one of ours is only two. He could sleep in our room, so we'd like a cot. A *Kinderbett* – I looked that up! Could you ask what happens about babysitting. Is that possible please?"
Family Knight

"We want a lively place. Try and find us one with a disco if you can, please. We'd like to be really in the town. We won't have our car with us and we don't want to spend a fortune on taxis. Can you find out what there is in the way of entertainment possibilities? You know, cinemas and things."
Paul and Liz

10 Lies folgende Dokumente.

Marktforschung über Ferien

Wir danken Ihnen für das Formular, daß Sie uns geschickt haben.

Ihre Antwort hat uns sehr interessiert, und wir möchten Näheres von Ihnen wissen. Wenn Sie uns einen *offenen* Kommentar über unsere Stadt liefern, bieten wir Ihnen ein **kostenloses Wochenende** in unserer Stadt an. *Auch wenn Sie uns kritisieren.* (Wenn möglich, schreiben Sie mit der Schreibmaschine.)

✂ -

Name und Adresse: Frau Hildegard Meinert, Kohlenstraße 12, 3500 Kassel

Was ich gut fand: Die Parkanlagen sind wirklich schön – ich habe die Blumen und Sträucher sehr bewundert. Die Cafés habe ich im allgemeinen hochgeschätzt. Ihre ruhige Atmosphäre habe ich genossen. Das Verkehrsamt hat ein gutes Angebot an Ausflügen, und sie waren auch gut organisiert. Da gab es auch jede Menge Information. Das Heimatmuseum und die restaurierte Stefanskirche in der Altstadt sind besonders sehenswert.

Was ich nicht so gut fand: In meinem Alter fand ich das Treppensteigen besonders in der Altstadt zu anstrengend. Für jüngere Leute war es kein Problem. Ich würde vorschlagen, daß Sie Rampen und Bänke hier und da einrichten. Andere Leute, mit denen ich sprach, und die in anderen Hotels wohnten, waren auch dieser Meinung.

die Bank (¨e)	*bench*
das Heimatmuseum (-museen)	*museum of local culture and history*
hochschätzen *(wk)*	*to think highly of*
liefern *(wk)*	*to deliver*
der Strauch (¨er)	*bush, shrub*

✂

Name und Adresse: Herr und Frau Helmut Macher,
Windstraße 132, 6200 Wiesbaden

Unser Urlaub in Ihrer Stadt war gelungen, aber trotzdem gab es gewisse Nachteile. Nachts gab es oft viel Lärm – zumindest in der Nähe unseres Gasthauses (Zum Blauen Engel). Den Busbahnhof finde ich nicht so günstig gelegen in Ihrer Stadt. Er ist einfach zu weit vom Zentrum entfernt. Es gibt in der Stadtmitte überhaupt zu viel Verkehr – warum keine Fußgängerzone?

Auf der positiven Seite ist der Stadtkern (von den Autos abgesehen) reizvoll mit den vielen Blumen und Bäumen. Das Schloß gefiel uns gut. Wir sind aber nur zweimal dahingelaufen wegen der Treppen. Das Café dort oben ist besonders schön. Schade, daß man so viele Treppen steigen muß, um dahin zu kommen. Die Stadtbibliothek ist eine Insel Ruhe! Guter Blick vom Schloß auf den Fluß. Küche des Ratskellers ausgezeichnet.

Römische Resten sind einen Besuch wert.

abgesehen von + *dat.*	*apart from*
reizvoll	*charming*
der Stadtkern (-e)	*town centre*

✂

Name und Adresse: Karla Baumann und Horst Seidel,
Halmstraße 56, 1000 Berlin

Der Urlaub war nicht schlecht. Auf dem See kann man ganz gut segeln und surfen. Das Strandcafé ist schick mit guter Musik und hat auch am Abend auf, was ein Vorteil ist. Guter Treffpunkt. Die anderen Cafés sind teuer und ein bißchen ruhig. Da ist nicht sehr viel los. Wir haben keine Disco gefunden, was uns natürlich enttäuscht hat. Am Abend muß man in die nächste Stadt fahren. Die Fahrradwege ringsum den Ort sind toll, und das Freilichtmuseum auf dem Weg zur Talsperre ist unheimlich interessant. Die Jugendherberge in der Altstadt ist günstig gelegen, obwohl ein bißchen klein. Der Herbergsleiter ist sehr nett. Die Fachwerkhäuser in der Nähe haben uns sehr gefallen.

das Fachwerkhaus (¨er)	*half-timbered house*
das Freilichtmuseum (-museen)	*open-air museum*
die Talsperre (-n)	*dam*

1. Faß die oben angegebenen Standpunkte zusammen.
2. Was ist zu sehen und machen in dieser Stadt?
   Schreib zwei Listen:
   Was es gibt und was fehlt.
3. Mach ein Touristenposter oder eine Broschüre für das Verkehrsamt der Stadt.

11 Zum Lesen

Kommen Sie nach Hellbach!

Egal wer Sie sind, bieten wir Ihnen was an. Ob Sie Industrielle(r), junge Familie, Student(in) oder Rentner(in) sind, ist Hellbach ein Ziel für Sie.

Für Industrielle

town council
plots
work force
Chamber of Industry and Commerce

responsible body (for)

Der Stadtrat möchte neue Betriebe und Industrien hierherbringen. Als Anreiz bieten wir Ihnen gute Grundflächen zu niedrigen Preisen und eine gut qualifizierte Arbeiterschaft. Dazu ist die Industrie- und Handelskammer bereit, Ihnen Rat zu geben und Hilfe zu leisten. Zu diesem Zweck haben wir ein neues Zentrum, **Wir informieren über Industrie.**

Wir sind auch Träger eines neuen Berufsbildungszentrums.

Verkehrsverbindungen sind ausgezeichnet. Das Autobahnnetz und die Bahn ermöglichen bessere Lieferzeiten.

Wir laden Sie herzlich ein! Kommen Sie und sprechen Sie mit uns.

Segeln auf dem Stausee ist toll!

Wir sind stolz auf unsere Klinik.

Ich freue mich, daß ich meine Familie hierhergebracht habe.

Wohnmöglichkeiten

Ich bin gekommen und habe sofort einen guten Arbeitsplatz bekommen.

Die Stadt bietet Ihnen eine ganze Reihe von Wohnungsmöglichkeiten: Eigentumshäuser und -wohnungen, Mietwohnungen oder sogar Grundstücke stehen zur Verfügung. Ruhige Wohnlagen in ländlichen Gebieten oder bevorzugte Wohngebiete in Industrienähe.

Freizeitangebot

giant slide

biotope

Hellbach bietet eine komplette Palette an Freizeitgestaltung. Die Rundwanderwege laden zum Wandern ein. Unser modernes Hallenbad mit Riesenrutschbahn ist ein Paradies für die ganze Familie. Parks verschönen die Innenstadt und bieten für alle die Möglichkeit, sich zu entspannen. Unser Biotop zeigt, daß wir uns um unsere Umwelt kümmern. Außerhalb der Stadt gibt es den Stausee, ein beliebtes Wochenendziel. Egal, ob Sie sich für Musik, Theater oder Kino interessieren, am Abend werden Sie sicherlich Ihren Interessen nachgehen können. Gut geleitete Jugendzentren haben wir auch.

Schönes Haus, nette Menschen! Ich bin zufrieden.

Im Städtischen Seniorenheim fühle ich mich in meiner kleinen Wohnung sehr wohl.

Die Stadt selbst

Das Freizeitzentrum ist super!

meet visitor(s)

abundance

Egal wohin Sie möchten – ob Sie im Stadtzentrum einkaufen wollen, im Rathaus etwas zu erledigen haben, eine Veranstaltung besuchen möchten, bei der Post ein Paket abgeben müssen oder Besuch vom Bahnhof abholen möchten, sind Sie in maximal 5 Minuten an Ihrem Ziel. Parkhäuser und Parkplätze gibt es überall. Hellbach ist eine Einkaufsstadt. Die Vielfalt an Geschäften deckt alle Wünsche.

Hier kann man prima einkaufen.

Schulen

equipped

adult education college

Die Schulen in der Stadt sind modern und gut ausgestattet. Von den Kindergärten bis zum Berufsbildungszentrum Furpach finden Kinder, Schüler und Schülerinnen die für sie geeignete Stelle. Wir vergessen auch die Erwachsenenbildung nicht. Die Volkshochschule bietet mehrere Kurse und Veranstaltungen an.

1. Die Stadt will Werbung machen und hat die Einwohner eingeladen, einige positive Zeilen über sich und die Stadt für die neue Stadtbroschüre zu schreiben, um die Stadt zu empfehlen.

> die Werbung *advertising*

Schreib diese Zeilen, als ob du Einwohner wärst.

a. Ingrid Wirtz – wohnt in Neudorf;
   1 Tochter in Grundschule,
   1 Tochter in Realschule;
   kauft in Hellbach ein.

b. Heinrich Adler – Geschäftsmann;
   Wohnung in Stadtmitte;
   guter Erfolg; gute Belegschaft.

c. Werner Schug – arbeitet bei
   ,Spinnfaser' (Textilien);
   nette Leute;
   viel zu machen;
   wohnt auf dem Lande;
   besucht VHS.

d. Karin Leismann – 15;
   zog nicht gern um;
   jetzt geht es gut;
   gute Schule;
   viele Freunde;
   Jugendklub.

2. Schreib eine Broschüre mit Werbematerial für deine Stadt.

> **i**
>
> **In twos, threes, etc.**
>
> zu zweit   *Although the system*
> zu dritt   *can be used with*
> zu viert   *higher numbers, it*
>   *tends to be used*
>   *only with 2–4.*

12 Ein Rätsel!

In diesem Text sind mehrere Fehler versteckt. Kannst du sie finden?

Letztes Jahr an einem Montag im August verließen zwei Frauen und ein Mann Helgoland an Bord eines Segelschiffs.

Sie segelten nach Cuxhaven. Die Überfahrt ging ganz gut und dauerte einige Stunden. Ein starker Wind blies, und es war ziemlich stürmisch unterwegs. Einer der Männer war seekrank, weil das Meer so ruhig war. Am Donnerstag gegen zwei Uhr nachmittags kamen sie an, und sie gingen sofort ans Land. Sie wollten einkaufen gehen, aber weil es Sonntag war, war dies unmöglich. Also beschlossen sie, einen Kaffee zu trinken. Sie saßen ziemlich lange in der Sonne auf dem Bürgersteig vor dem Café, weil sie nach der Seefahrt ziemlich müde waren. Der Tee erfrischte sie aber, und sie gingen in der Stadt und in dem Stadtpark spazieren. Es war jetzt fast Mittag, und sie hatten Hunger. Es war auch sehr kalt und begann zu schneien. Also beschlossen sie, wieder an Bord zu gehen, um sich ein schönes Abendessen auf ihrem Motorboot vorzubereiten.

> an Bord *on board*
> blasen (bläst, blies, geblasen) *to blow*
> erfrischen *(wk)* *to refresh*

95

DRITTER TEIL Was machen wir?

What shall we do?

This section is about being on holiday – deciding what to do, stating preferences, writing postcards. It also teaches you how to make a complaint.

Was kann man hier in der Gegend machen?

A: Wo ist dein Zelt (Wohnwagen)?
B: Wir haben Nummer 74.

Practise your numbers.
Point to the correct tent space when your partner gives the number.

1 Hör zu!

Wie verbrachten diese Leute den Tag? Und wie war der Tag? Schreib die Nummer der Aktivität auf und notiere, wo sie den Tag verbrachten und wie sie den Tag fanden!

2 Hör zu!

Was machen wir heute? Schau mal die Bilder auf Seite 96 an!
Write down the number of the activities suggested, note the costs mentioned and then the time arranged to meet.
In each case there is a suggestion about what to do, an alternative suggestion and then agreement.
Answers might be like this:
4, 7, 3.- DM, 15 Uhr

3 Was machen wir heute? Mit einem Partner oder einer Partnerin übt Dialoge!

Zum Beispiel:

A: Was machen wir?

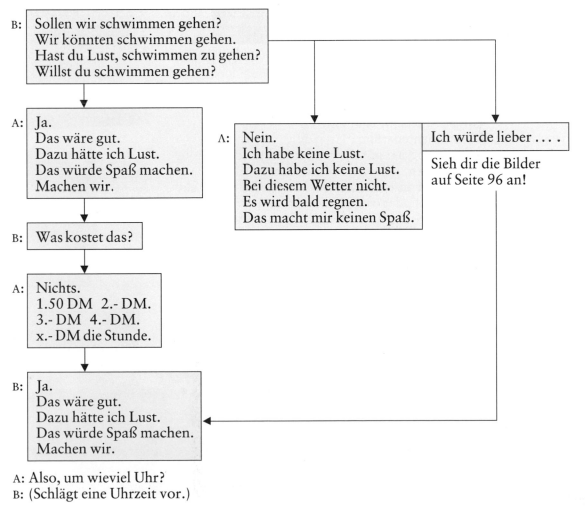

B: Sollen wir schwimmen gehen?
Wir könnten schwimmen gehen.
Hast du Lust, schwimmen zu gehen?
Willst du schwimmen gehen?

A: Ja.
Das wäre gut.
Dazu hätte ich Lust.
Das würde Spaß machen.
Machen wir.

A: Nein.
Ich habe keine Lust.
Dazu habe ich keine Lust.
Bei diesem Wetter nicht.
Es wird bald regnen.
Das macht mir keinen Spaß.

Ich würde lieber . . . .

Sieh dir die Bilder auf Seite 96 an!

B: Was kostet das?

A: Nichts.
1.50 DM 2.- DM.
3.- DM 4.- DM.
x.- DM die Stunde.

B: Ja.
Das wäre gut.
Dazu hätte ich Lust.
Das würde Spaß machen.
Machen wir.

A: Also, um wieviel Uhr?
B: (Schlägt eine Uhrzeit vor.)

Welche Filmsorten hast du am liebsten?

Lustspielfilme

Dokumentarfilme

Abenteuerfilme

Krimis

Horrorfilme

Science-Fiction-Filme

A: Möchtest du heute abend mit mir ins Kino gehen?

B: Ja. Was läuft?

A: ‚Im tiefsten Dschungel'.

B: Was ist das für ein Film?

A: Ein Abenteuerfilm.

B: Ach. Das sagt mir überhaupt nichts. Ich habe sie nicht gern. Ich hasse solche Filme.
Gibt's nicht etwas anderes? Ich würde lieber ein Lustspiel oder einen Krimifilm sehen.

A: Mmm. Es läuft ein Lustspielfilm im Kino am Kirchenplatz.

B: Gut. Gehen wir da rein. Was kostet der Eintritt?

A: Ich weiß nicht – so ungefähr 7.- DM. Es gibt eine Ermäßigung für Schüler. Vergiß deinen Schülerausweis nicht.

B: Wann treffen wir uns?

A: Um sieben Uhr?

B: OK. Bei dir?

A: Ja. Bis dann. Tschüs.

B: Tschüs.

das Abenteuer (-)	*adventure*	
die Ermäßigung (-en)	*reduction*	
das Lustspiel (-e)	*comedy*	

4 Mit einer Partnerin oder einem Partner übt Dialoge!
Möchtest du mit mir ins Kino gehen? …

Welcher Film?   Um wieviel Uhr beginnt er?
Was für ein Film? Was kostet es?
Wo läuft er?   Treffpunkt und Uhrzeit?

5 Erike und Bernd möchten heute einen
Ausflug machen. Sie gehen zum
Verkehrsamt und reservieren Plätze.

A: Ich möchte am Mittwoch nach Breisach fahren. Was kostet der Ausflug?
B: 18.- DM.
A: Wann fährt der Bus ab?
B: Um 09.00 Uhr.
A: Und wo?
B: Vor dem Verkehrsamt.
A: Zwei Karten, bitte.
B: 36.- DM, bitte.

Mittwoch
Ausflug nach Breisach
18.- DM
Abfahrt – 09.00 Uhr   Verkehrsamt

Mit einer Partnerin oder einem Partner übt Dialoge! Seht auch Seite 107!

1.
Dienstag
Ausflug nach Villingen

2.
Donnerstag
Ausflug nach Schramberg

3.
Sonntag
Ausflug nach Donaueschingen

4.
Montag
Ausflug nach Freudenstadt

6 Hör zu!

Wann sehen wir uns? Leute, die auf Urlaub sind, telefonieren mit ihren Freunden vom Campingplatz aus. Sie wollen sich treffen.
Christian ist auf einem Campingplatz in der Nähe von Hallen.
Sonia ist in der Nähe von Rottweil.
Ulrich ist in der Nähe von Lüneberg.
Kirsten ist auf Urlaub in Füssing.

Notiere
- wo der Campingplatz sich befindet.
- wo die Freunde sich treffen.
- um wieviel Uhr sie sich treffen wollen.
- was sie machen wollen.

7 Was passiert hier? Kannst du diese vier Fotos beschreiben?

8 Einige Postkarten. Kannst du sie ergänzen?

1.

Lieber Dirk!
Heute haben wir 👁️.
Wir verbringen fast den
ganzen Tag 🏞️ und
fast jeden Abend 💃.
Deine Karla

Dirk Lehberger
Renburger Str. 13
Dortmund
Bundesrepublik
Deutschland

2.

Liebe Gabi!
Das Wetter ist ☀
Gestern haben wir
einen 🚌 →  
Freudenstadt. Gerd hat
einen 😎 . Ich habe
fast kein 💵 mehr!
Dein Reinhardt

Fräulein Gabi Lorenz
Bornweisstr. 56
Graz
Österreich

3.

Liebe Sandra,
schade, daß Du nicht
dabei bist. Wir haben
heute 🚲 💵 und
eine Fahrt nach Eisweiler
gemacht. Morgen haben wir
vor, ⛵ . Gestern 🌧 
Bis nächsten Monat,
Dein Ingo

Sandra Willows
78 Roundhill
Westley on Sea
Cumbria
Großbritannien

4.

Lieber Stefan,
der 🏕 ist sehr gut,
aber Ulrich 🤚 
und kann nicht
mehr 🤚 . Erika 
🚲 und 🦵 ! 
Wir verbringen viel Zeit
in 🏪 und 🔦 ! 
Deine Eva

Stefan Müller
Limbacher Str. 143
Bern
SCHWEIZ

101

Am Campingplatz oder in der Jugendherberge was ist erlaubt und was ist untersagt?

Willkommen in der Jugi Beinwil

Um Deinen Aufenthalt zu erleichtern, hier einige Tips:

- Benutze nie Deinen eigenen Schlafsack, frischgewaschene Leinenschlafsäcke werden in der Jugi gratis abgegeben.

- Dagegen bitten wir Dich, Hausschuhe mitzubringen.

- Wenn Du kochen möchtest, bitten wir Dich, das bei der Anmeldung zu sagen. Kochtaxe kostet Dich einen Franken.

- Für's Essen stehen Aufenthaltsräume und Küche zur Verfügung. Also bitte nicht im Schlafzimmer essen.

- **Schließzeiten sind:**
  Samstags 23.00 Uhr
  Uebrige Tage 22.00 Uhr
  Achtung: Unsere Nachbarn und Deine Zimmerkollegen schlafen eventuell schon, bitte leise nach Hause kommen.

- VERBOT: In den Schlafräumen ist absolutes Rauchverbot.
  Das Rauchen ist in den Aufenthaltsräumen gestattet.
  Bitte die Feuer- und Rauchmelder nicht berühren, Alarmgefahr.
  Ein unnötiger Feuerwehreinsatz kostet ca. 600 Franken.

- Unsere Duschen findest Du im Keller.
  Ebenfalls im Keller stehen Gästewaschmaschine und Trockner.
  Sie funktionieren mit 20 Rappenstücken.
  Waschpulver ist an der Anmeldung erhältlich.
  Bitte keine Wäsche im Zimmer waschen.

- Das Telefon bei der Anmeldung schluckt 5.- Fr./ 1.- Fr./20+10 Rappenstücke. Die Tel. Nummer für Gäste: 064 71 18 83

- Vor der Abreise bitten wir Dich, das Zimmer zu reinigen, den Schlafsack abzugeben und die Bettdecke ordentlich zu platzieren.

  Und nun viel Plausch in der Jugi Beinwil

  Jeannette + Kurt Strebel

  Jeannette und Kurt Strebel

die Anmeldung (-en)	*registration*
der Aufenthaltsraum (¨e)	*recreation room, day room*
berühren *(wk)*	*to touch*
erleichtern *(wk)*	*to make easy*
eventuell	*possibly*
der Plausch (Spaß)	*fun*
zur Verfügung stehen	*to be available*

9 Sieh mal die Hausordnung oben an und beantworte die folgenden Fragen!

1. *What instructions are you given about sleeping bags?*
2. *What are you asked to do about footwear?*
3. *What do you have to pay 1 Swiss franc for?*
4. *Where are you not allowed to eat?*
5. *At what time does the youth hostel close on Wednesdays?*
6. *Whom are you asked to consider when coming in at night?*
7. *Where are you allowed to smoke?*
8. *What is in the cellar?*
9. *Where is the telephone?*
10. *What are you asked to do before you leave the hostel?*

10 Hör zu!

Man beschwert sich bei Herrn Decker. Herr Decker ist Besitzer eines Campingplatzes. Heute beginnt der Tag ziemlich schlecht für ihn, da viele Leute sich bei ihm beschweren wollen. Notiere die Beschwerde, indem du die Nummern der Bilder unten aufschreibst.

> sich beschweren *(wk)* *to complain*

11 *Look at the pictures, and with a partner work out how you would express a complaint in each case.*

1.

2.

3.

4.

5.

6.

7.

8.

9.

10.

11.

103

12 Mit einer Partnerin oder einem Partner übt Dialoge! Jetzt bist du daran. Du möchtest dich beschweren. Der / Die Besitzer/in des Campingplatzes
1. entschuldigt sich.
2. sagt, was er oder sie machen wird.

Zum Beispiel:

Gast: Ich möchte mich bei Ihnen beschweren! Der Lärm in der Nacht war furchtbar! Wir konnten nicht schlafen! (In einem Wohnwagen haben sie eine Party die ganze Nacht hindurch gefeiert.)

Besitzer: Entschuldigung. Es tut mir leid.
Wer war das? (Welches Zelt /
Welcher Wohnwagen ist das?)

Gast: Das war die Gruppe (Familie) auf Stellplatz Nummer 72. Im großen Zelt. Sie hatten das Radio die ganze Nacht an! Ich finde das unverschämt! Könnten Sie mit ihnen sprechen?

| feiern *(wk)* *to celebrate* |
| unverschämt *outrageous* |

Besitzer: Ich spreche sofort mit ihnen. Das ist nicht erlaubt.

Gast: Danke schön.

Entschuldigung	Einige Fragen	Was er / sie machen wird
Verzeihung Es tut mir leid. Ich bitte um Entschuldigung.	Welcher Wohnwagen war es? Welches Zelt war es? Welche Gruppe / Familie ist es? Welcher Stellplatz ist das? Welches Auto / Motorrad war es? Welcher Hund ist das?	Ich sehe mir das sofort an. Ich mache das sofort. Kein Problem. Ich werde mit ihnen sprechen. Ich repariere ihn / sie / es sofort. Ich kümmere mich sofort darum.

> sich kümmern *(wk)* um *+ acc. to concern oneself about*

Campingplatz In den Wiesen Campingplatzordnung

Lieber Gast!

Wir heißen Sie auf unserem Campinggelände herzlich willkommen und wünschen Ihnen einen angenehmen und erholsamen Aufenthalt. Dürfen wir Sie bitten, folgende Punkte zu beachten:

Hunde dürfen nicht frei herumlaufen.
Ab 22 Uhr Ruhe auf dem Platz.
Sie dürfen keine laute Radiomusik hören.
Abfälle dürfen nur in die Mülltonnen geschüttet werden.
Sie dürfen zwischen den Zelten und den Wohnwagen nicht
  Ball spielen.
Sie dürfen keine Abfälle in den Wald werfen.
Sie dürfen kein offenes Feuer anzünden - Waldbrandgefahr!
Auf dem Platz bitte langsam fahren.

Gebühren werden bei Abreise bezahlt. Jedoch bei eintägiger Übernachtung im voraus.

die Abfälle *(pl.)*	*refuse, rubbish*
beachten *(wk)*	*to heed, take notice of*
erholsam	*refreshing, relaxing*
die Gebühr *(-en)*	*charge, fee*
die Gefahr *(-en)*	*danger*
das Gelände *(-)*	*plot, terrain, area*
die Mülltonne *(-n)*	*large waste bin*

FRÄNZI

Du darfst nicht hinein, Fränzi!

Und wieso nicht?

Es steht an der Tür.

Sei nicht so dumm! Ich bin gar kein Hund!

13

Wollen wir mal Volleyball spielen?

Hier darf man nicht. Gehen wir mal 'rüber.

Nicht gestattet

Hunde sind anzuleinen
Kein Ballspiel
Kein
Rad-und Mopedfahren

Die Stadtverwaltung

Hier darfst du den Hund nicht freilassen.

Fußballspielen
nur auf den Tennenplätzen
des Volksparkes
gestattet

BITTE
HUNDE
ANLEINEN!

Was würde der Campingplatzbesitzer im Campingplatz ‚In den Wiesen' in den folgenden Fällen sagen?

Sieh dir Seite 99, Übung 5 an!

Ausflüge. Mit einer Partnerin oder einem Partner übt Dialoge!

1. **Ausflug nach Villingen**
   15.- DM
   Abfahrt – 08.30 Uhr   Rathaus

2. **Ausflug nach Schramberg**
   12.50 DM
   Abfahrt – 14.00 Uhr   Verkehrsamt

3. **Ausflug nach Donaueschingen**
   20.- DM
   Abfahrt – 08.00 Uhr   Marktplatz

4. **Ausflug nach Freudenstadt**
   15.- DM
   Abfahrt – 09.30 Uhr   Hotel Tannenberg

14 Such dir einen Partner oder eine
Partnerin aus, zeigt auf die
Schilder und übt Dialoge.

Zum Beispiel:
A: Es tut mir leid. Hier dürfen Sie Ihre
Wanderschuhe nicht tragen!
B: Oh! Entschuldigung. Das habe ich
nicht gesehen.

1.

2.

3.

4. Im Interesse aller
Fahrgäste !
Wenn leise, dann ja

5.

6.

7.

8. SURFEN
VERBOTEN

15 Sieh mal die Hausordnung der Jugi Beinwil auf Seite 102 an! **muß** oder **darf**?

1. Man ... seinen eigenen Schlafsack nicht benutzen.
2. Man ... einen Schlafsack bei der Anmeldung abholen.
3. Man ... das Haus mit normalen Schuhen nicht betreten.
4. Man ... eine Kochtaxe bezahlen, wenn man für sich selbst kochen will.
5. Man ... in den Aufenthaltsräumen essen.
6. Man ... in den Schlafräumen nicht essen.
7. Man ... leise nach Hause kommen.
8. In den Schlafräumen ... man nicht rauchen.
9. Vor der Abreise ... man das Zimmer reinigen.

i

dürfen *to be allowed*

ich darf
du darfst
er darf
sie darf
es darf
wir dürfen
ihr dürft
Sie dürfen
sie dürfen

Imperfekt
er / sie / es durfte

dürfen *is a modal verb like* **können, mögen, müssen, sollen** *and* **wollen.** *The verb it is used with goes to the end of the sentence.*

Zum Beispiel:
Man darf auf diesem Campingplatz nicht Fußball spielen.
In dieser Jugendherberge darf man in den Aufenthaltsräumen nicht rauchen.

---

16 Zum Lesen

Kostenlose Ferien? Das bedeutet Arbeit!

Englisch für Riehms Kühe

Nicholas Cox aus Leicester zu Gast auf Georgshof

pbs. Neunkirchen. „Ich fühle mich wie zu Hause", sagt er und lacht. Die Arbeit mache ihm Spaß, und er komme sehr gut mit seiner Gastfamilie aus. Seit dem 4. Februar ist Nicholas Cox aus der englischen Grafschaft Leicestershire auf dem Georgshof der Familie Riehm in Uchtelfangen. Nicholas Cox ist 19 Jahre alt, hat in Leicester ein Gymnasium besucht und Abitur gemacht. Seine Eltern betreiben in der Nähe der englischen Stadt einen Bauernhof, der vorwiegend auf Schafzucht spezialisiert ist. Ernst Platz, Agraringenieur und Landwirtschaftsbeauftragter im Landkreis Neunkirchen, betont, daß der Austausch durch die guten Kontakte mit

Mister Cox füttert die Kühe.

der Grafschaft möglich wurde.

Nicholas Cox ist nicht nur nach Uchtelfangen gekommen, um eine Zeit auf einem deutschen Hof zu leben, sondern auch um seine ohnehin guten deutschen Sprachkenntnisse zu verbessern. Im Herbst, erzählt er, beginne er ein Sprachenstudium in Southampton.

Unterschiede sieht er zu seiner Heimat nicht so viele. Die Betriebsstruktur bei den Riehms sei anders, die Landschaft sei für ihn neu. Er freut sich auf den Frühling, um die Vegetation hier kennenzulernen. Der Landwirtschaftsmeister Matthias Riehm lobt den Fleiß des Gastes aus England. Nicholas Cox hat seine Reise nach Uchtelfangen selbst bezahlt. Bei der Familie Riehm hilft er, bekommt dafür Kost und Logis und ein Taschengeld.

---

der Agraringenieur (-e)	*agricultural engineer*
betreiben (betreibt, betrieb, betrieben)	*to run, to operate*
Kost und Logis	*board and lodging*
der Landwirtschaftsbeauftragte*	*agricultural representative*
loben *(wk)*	*to praise*
die Schafzucht	*sheep breeding*
vorwiegend	*mainly*

* This noun behaves like an adjective: see page 170 for further information on adjectival nouns.

Schreib einen Brief von Nicholas Cox an seinen Brieffreund in Bielefeld.

Einige Ideen:
Warum er in Deutschland ist.
Wie lange er dort bleiben wird.
Was er auf dem Bauernhof macht.
Ob er bezahlt wird.
Ob er viel Freizeit hat.
Etwas über das Dorf und was er dort macht.

VIERTER TEIL # Wo warst du in Urlaub?

Where were you on holiday?

This section teaches you how to describe your holiday and to give your opinion. It also teaches you how to change money at the bank.

1 Hör zu!

Wo haben diese Leute ihre Ferien verbracht?
Was haben sie gemacht, und was ist passiert?
Schreib die Nummern und die passenden
Buchstaben auf!

der Campingwagen (-) *dormobile*

1.

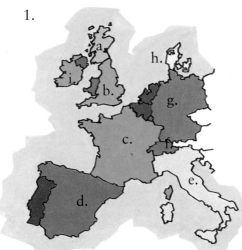

2.

3.

2 Lies mal die folgenden Postkarten durch!

1.
> Hallo! Wie geht es Dir?
> Hier in Spanien ist es sehr warm – wir
> trinken eiskalte Getränke fast den ganzen Tag
> hindurch. Kurt war richtig krank
> während der ersten Woche – zu viel
> gegessen! Und der Flug hatte eine
> Verspätung! Das Hotel ist aber ganz prima.
> Deine Gabi und Dein (armer) Kurt

2.
> Der Schnee ist wunderbar, und wir sind
> jeden Tag auf der Piste. Die Discos am
> Abend sind auch fantastisch. Leider
> bringe ich keine Fotos mit – ich habe
> den Fotoapparat irgendwo liegen lassen,
> und jemand hat ihn geklaut.
> Dein Ulrich

3.
> Die Leute hier sind sehr sympathisch, und die
> Atmosphäre ist toll – aber es hat die ganze
> Zeit geregnet. Außerdem haben wir falsch
> reserviert (oder das Hotel hat einen Fehler
> gemacht) – das war aber schließlich kein
> Problem.
> Deine Denise

> die Autopanne (-n) *car breakdown*
> klauen *(wk) pinch, filch*

4.
> Wir zelten hier! Wir haben eine Autopanne
> gehabt, und wir müssen hier vier Tage
> verbringen. Es ist aber eine schöne Ecke.
> Und wir haben auch das Wandern gelernt.
> Ende gut, alles gut!
> Deine Inge

In each case what is good and what is not so good?

3 Mit einer Partnerin oder einem Partner übt Dialoge! Stellt einander Fragen und notiert die Antworten.

Zum Beispiel:

Fragen:
Wohin bist du in Urlaub gefahren?
Wann war das?
Wo hast du gewohnt?
usw.

Antworten:
Cary ist im August allein nach Italien gefahren. Sie hat in einem schönen Hotel gewohnt, usw.

Dann schreibt das auf, was der oder die andere gemacht hat.

Wohin?

Mit?

Wann?

1.–31.
Januar
Februar
März
April
Mai
Juni
Juli
August
September
Oktober
November
Dezember

Wo gewohnt?

Was gemacht?

Ist etwas Besonderes passiert?

4 Wo würdest du am liebsten die Ferien verbringen und warum?
Mach eine Umfrage in der Klasse! Was ist das beliebteste Reiseziel?

Ich würde gern nach Amerika fahren, weil ich gern Disneyland besuchen würde.

Ich würde gern nach Spanien reisen, weil ich mich für die Schlösser dort interessiere.

Die Gründe

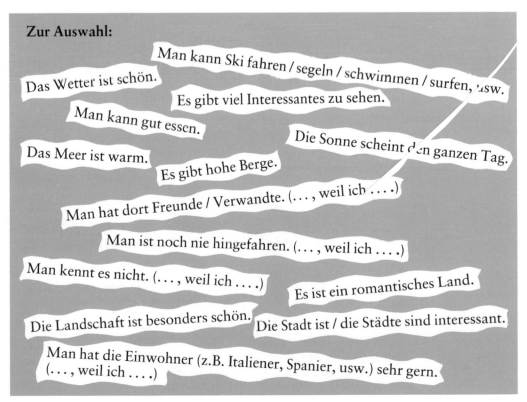

Zur Auswahl:

Man kann Ski fahren / segeln / schwimmen / surfen, usw.

Das Wetter ist schön.

Es gibt viel Interessantes zu sehen.

Man kann gut essen.

Die Sonne scheint den ganzen Tag.

Das Meer ist warm.

Es gibt hohe Berge.

Man hat dort Freunde / Verwandte. (..., weil ich ....)

Man ist noch nie hingefahren. (..., weil ich ....)

Man kennt es nicht. (..., weil ich ....)

Es ist ein romantisches Land.

Die Landschaft ist besonders schön.

Die Stadt ist / die Städte sind interessant.

Man hat die Einwohner (z.B. Italiener, Spanier, usw.) sehr gern. (..., weil ich ....)

5 Ein deutscher Freund / Eine deutsche Freundin fragt dich, wo deine Freunde Urlaub machen, oder wo sie diesen Sommer sind. Du bist nicht hundert Prozent sicher, und du sagst jedes Mal: „Ich glaube, er / sie …".

1. Weißt du, wo der Mark diesen Sommer ist?

Spanien?

2. Weißt du, was die Sally diesen Sommer macht?

Schweden?

3. Mit wem fährt Trevor dieses Jahr in Urlaub?

Nathan?

4. Weißt du, wie lang der John in Deutschland bleibt?

3 Wochen?

5. Weißt du, ob der Ian in Schottland zeltet?

6. Wo ist die Mary?

TORQUAY

7. Wie fährt der Bernard über den Kanal?

8. Weißt du, was die Sue macht?

HARTLEPOOL

Am letzten Tag der Ferien fuhren Debbie, Susan und Martin in die Stadt. Sie hatten etwas Geld übrig und wollten einige Geschenke kaufen. Zunächst gingen sie auf die Bank, um Geld umzutauschen.

„Guten Tag. Ich möchte englische Reiseschecks einlösen, bitte."
„Wieviel, bitte?" fragte der Bankangestellte.
„Fünfzehn Pfund."
"Unterschreiben Sie hier und hier. Ihren Paß, bitte . . . . Danke. Gehen Sie bitte zur Kasse."

Martin hatte eine Kreditkarte.

„Guten Tag. Ich möchte Geld auf meine Kreditkarte abheben."
 „Ihren Paß, bitte . . . . Danke. Wieviel möchten Sie abheben?"
„50.- DM, bitte."
 „Unterschreiben Sie hier."
 So . . . . Danke. Warten Sie bitte dort an der Kasse."

der Bankangestellte	*(as an adj.) bank employee*
einen Scheck einlösen *(wk)*	*to cash a cheque*
Geld abheben (hebt ab, hob ab, abgehoben)	*to withdraw money*
unterschreiben (unterschreibt, unterschrieb, unterschrieben)	*to sign*

6 Du möchtest Geld wechseln. Übe mit einem Partner oder einer Partnerin Dialoge!

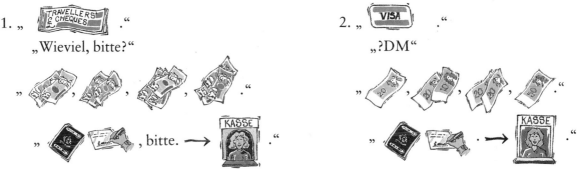

1. „   ."

„Wieviel, bitte?"

„   ,   ,   ."

„   , bitte. ⟶   ."

2. „   ."

„?DM"

„   ,   ,   ."

„   . ⟶   ."

7 Postkarten und Briefe

1.

Hallo Claudia!

Wie geht's Dir? Mir geht es gut. Ich komme gerade vom Schwimmen. Das Meer ist herrlich warm. Die Sonne scheint, und es ist über 30 Grad. Ich habe hier viele Freundinnen gefunden. Alle sind sehr nett. Tagsüber bleibe ich immer im Schatten, weil es so warm ist. Ich gehe abends meistens schwimmen, weil ich keinen Sonnenbrand bekommen will. Doch ist es nachts immer noch sehr warm. Das Essen ist auch gut. Päella, das Hauptgericht der Spanier, schmeckt mir sehr gut. Gestern waren wir im Tierpark. Da gab es auch eine Delphinshow. Sehr, sehr toll! Hier ist alles ganz billig, aber schön. Ich bringe Dir auch etwas Schönes mit als Andenken. Ich verstehe zwar kein Spanisch, aber ich verständige mich mit Händen und Füßen. In der Mittagsruhe (siesta) ist es ein wenig langweilig, weil fast alle schlafen, und die Sonne brennt. Wir wollen jetzt auf einen spanischen Großmarkt fahren. Dort kaufe ich Dir etwas. Ich mache jetzt Schluß, weil ich mich noch umziehen muß.

Gruß auch an Deine Eltern aus Valenzia.

Deine Freundin Belinda

der Schatten (-)	*shadow*
tagsüber	*during the day*
sich verständigen *(wk)*	*to make oneself understood*

What is the German for
– I'm well?
– I'll close now?

Lieber Ivan,

heute ist ein Regentag. Wir haben unsere Rucksäcke abgestellt, und wir sitzen in einer gemütlichen Kneipe und trinken — nein, kein Bier, sondern guten, 'alten' Orangensaft. Wir haben schon sehr viel von der Gegend gesehen und viele Wanderungen gemacht. Die Berge sind einfach ein Erlebnis — und wir haben schon in einigen der (ziemlich kalten) Bergseen gebadet.

Unser Interrailticket dauert noch zwei Wochen — vielleicht fahren wir noch über die Grenze nach Italien. Wir haben viele Leute kennengelernt — alle auch Rucksacktouristen ohne festes Ziel wie wir.

Ich hoffe, daß Du Deine Prüfungen gut überstanden hast. Ich melde mich, wenn ich wieder zu Hause bin.

Grüßchen und Küßchen,

Deine Gabi

2.

<u>ab</u>stellen *(wk)*	*to put down, set down*
baden *(wk)*	*to bathe*
einfach ein Erlebnis	*a great experience*
die Prüfung (-en)	*examination*
<u>über</u>stehen (übersteht, überstand, überstanden)	*to survive*

What is the German for
– We have got to know a lot of people?
– I'll be in touch?

3.

Liebe Susi,

Griechenland ist fantastisch. Kaum waren wir aus dem Schiff ausgestiegen, als eine Menge Griechen uns ansprachen und fragten, ob wir eine Unterkunft suchten. Jetzt wohnen wir in einem typischen, weißen, griechischen Steinhaus mit Flachdach, wo wir abends bei einem Glas Wein sitzen und plaudern.

Ansonsten gehen wir fast jeden Tag an den Strand, essen Eis und genießen die Sonne. Das Essen fand ich anfangs ein bißchen komisch, aber jetzt schmeckt es mir ganz gut. Morgen wollen wir Mofas mieten, um etwas von der Landschaft kennenzulernen.

Leider vergehen die Tage so schnell, aber ich freue mich, Dich wiederzusehen.

Wie geht's dir?

Bis bald,

Dein Frank

---

ansonsten	*otherwise, besides*
flach	*flat*
genießen (genießt, genoß, genossen)	*to enjoy*
vergehen	*to pass by, pass away*

What is the German for
– How are you?
– Looking forward to seeing you?

4.

Lieber Keith,

wie geht's? Ich habe seit langem keine Nachricht von Dir bekommen. Hoffentlich geht es Dir gut. Was hast Du in den Ferien vor? Wir sind alle in Norddeutschland. Es ist sehr flach – schön zum Radfahren, wenn kein Wind da ist! Sonst kann man kaum vorankommen.

Hast Du je sandgesegelt? Es ist ganz dufte. Ich habe es mit dem Freund meines Vaters versucht.

Kennst Du den Nordseestrand? Er ist breit und flach. Die Leute bauen sich fantastische Sandburgen – manchmal mehr als ein Meter hoch, und dann verbringen sie den ganzen Tag in ihren Strandkörben. Wir haben uns auch eine Burg gebaut.

Was sonst noch? Wir kochen meistens für uns selbst. Hier ißt man viel Fisch. Das Essen schmeckt mir sehr gut. Wir sind schon geschwommen, haben in der Sonne gelegen. Wir haben auch einige Ausflüge gemacht. Leider sind die Ferien bald um. Laß was von Dir hören!

Deine Karin

die Burg (-en)	castle
der Korb (¨e)	basket
versuchen (wk)	to try

What is the German for
– I haven't heard from you for ages?
– I hope you're well?
– What else Is there to say?
– Drop me a line. (Get in touch.)?

Which of the letter writers says the following?

1. I'll bring you something nice as a souvenir.
2. It's great.
3. Perhaps we'll go over the border.
4. Yesterday we went to the zoo.
5. Best wishes to your parents.
6. I'm looking forward to seeing you.
7. We've met a lot of people.
8. I've just been swimming.
9. We've been swimming and lying in the sun.
10. I haven't heard from you for ages.
11. I'll be in touch.
12. We've been on a few excursions.
13. I've found a lot of friends here.
14. I hope you're OK.
15. Apart from this we go the beach nearly every day.
16. It's a pity the holidays are nearly over.
17. I usually go swimming in the evening.
18. Tomorrow we're going to hire mopeds.

8 Schreib einige Briefe oder Postkarten, oder schreib ein Gedicht!

1.

ferien

in den osterferien
wollte gretel mit mir
nach griechenland
aber ich
fuhr wegen hanni nicht mit

in den pfingstferien
wollte sabine mit mir
nach frankreich
aber ich
fuhr wegen hanni nicht mit

in den sommerferien
wollte lena mit mir
nach finnland
aber ich
fuhr wegen hanni nicht mit

in den herbstferien
wollte freda mit mir
nach irland
aber ich
fuhr wegen hanni nicht mit

in den weihnachtsferien
wollte ich mit hanni
nach österreich
aber hanni
fuhr mit jürgen nach dänemark

Manfred Hausin

2.

3.

4.

Ich habe EINEN FISCH gefangen.

Reise

Ich habe nicht die Absicht, eine Reise zu machen
Aber wenn ich sie doch hätte,
Würde ich direkt nach Istanbul fahren.
Wenn du mich sehen würdest
in der Straßenbahn nach Bebek,
Was würdest du tun?

Doch wie gesagt,
Ich habe nicht die Absicht, eine Reise zu machen.

Orhan Veli Kanik

DIESTRAßEWARLANGMITKREUZUNGENUNDWARSEHRKURVENREICHINDENBERGEN

Wiederholung

1 Übe mit einer Partnerin oder einem Partner Dialoge!
Dein Partner oder deine Partnerin ist krank, und du willst folgendes wissen:

a. Wie es ihm / ihr geht.
b. Was los ist.
c. Seit wann er / sie krank ist.
d. Ob er / sie den Arzt, bzw. den Zahnarzt angerufen hat, oder ob er / sie zur Apotheke gegangen ist.

(Die Antworten deiner Partnerin oder deines Partners befinden sich auf Seite 127.)

2 Übe mit einem Partner oder einer Partnerin Dialoge!

Zum Beispiel:
Eine Britin und eine Deutsche nennen Uhrzeiten.

A: Der Zug fährt um 20.30 Uhr.
B: Das ist acht Uhr dreißig abends, nicht wahr?
A: Ja. Genau.

a. Der Flug geht um 23.00 Uhr.
b. Der nächste Zug fährt um 19.10 Uhr.
c. Meine Fähre fährt um 14.45 Uhr.
d. Deine Maschine fliegt um 02.15 Uhr.
e. Dein Zug fährt um 17.49 Uhr.
f. Unser Zug fährt um 21.19 Uhr.

3 Mach Marktforschung! Deine Klasse hat vor, einen Skiurlaub zu organisieren. Jeder Schüler und jede Schülerin interviewt Leute, die einen Skiurlaub gemacht haben. Mach Notizen und schreib einen Bericht für deine Klassenkameraden. Sieh auch Seite 127.

Die Fragen:
Wo?
Mit wem?
Wie lange?
Unterkunft? Qualität?
Was gemacht tagsüber und abends?
Meinung über Ferienort?
Wie war der Schnee?

Gruppenunterricht
Privatunterricht
Langlaufunterricht
Skitourenwochen
Skiguiding-Pauschalwochen

Organisation von Skirennen
Kinderhort

Auskunft Tel. 036 71 22 71

5 Unterwegs
En route

ERSTER TEIL ## An der Tankstelle
At the petrol station

This section teaches you how to say what you want at a petrol station.

„Guten Tag."
  „Guten Tag. Was möchten Sie, bitte?"
„Dreißig Liter Super, bitte."

„Servus."
  „Grüß Gott. Volltanken, bitte."
„Verbleit oder bleifrei?"
  „Verbleit, bitte."
„Soll ich die Windschutzscheibe putzen?"
  „Oh ja. Danke schön. Sie ist sehr schmutzig."

Der Tankwart putzt die Windschutzscheibe.

„Guten Tag. Was darf es sein?"
  „Guten Tag. Voll mit bleifrei, bitte."
„Brauchen Sie Öl?"
  „Ja, vielleicht. Könnten Sie das Öl prüfen?"
„Sicher . . . . Hm . . . . Sie brauchen einen halben Liter Öl."

„Guten Tag. Fünfzehn Liter bleifrei, bitte."
  „In Ordnung. Sonst noch etwas?"
„Ja. Könnten Sie bitte den Luftdruck und die Batterie prüfen?"
  „Ja. Was ist der normale Luftdruck für Ihre Reifen?"
„1,6 vorne und 1,9 hinten."

Wenn man selbst tankt, bekommt man oft einen Beleg – einen Zettel. Diesen Beleg bekommt man an der Zapfsäule. Er zeigt, wieviel Liter Benzin man getankt hat, sowie den Preis. Man nimmt den Beleg von der Säule und nimmt ihn mit, wenn man zur Kasse geht.

An der Kasse

„Zapfsäule 2?"
  „Jawohl."
„Haben Sie den Beleg da?"
  „Ja, da ist er."
„Danke. 40.- DM, bitte.
Sonst noch was?"
  „Ja. Eine Tafel Schokolade."
„42.50 DM, bitte."

„Zapfsäule 7."
  „Danke. Das macht 35.- DM.
  Möchten Sie noch etwas?"
„Nein, danke. Mm . . . . Können Sie
mir sagen, wie ich zur Autobahn
komme?"
  „Ja. Fahren Sie hier rechts bis zur
  Ampel, dann nach links und dann
  geradeaus. Nach einigen
  Kilometern ist es beschildert."

LUFTDRUCK		
	halb	voll
vorne	1,6	1,9
hinten	1,6	2,3

die Batterie (-n)	*battery*
der Beleg (-e)	*receipt, voucher*
beschildert	*signposted*
bleifrei	*unleaded*
der Luftdruck	*air pressure*
prüfen *(wk)*	*to check*
tanken *(wk)*	*to put petrol in the tank*
der Tankwart (-e)	*petrol pump attendant*
verbleit	*leaded*
volltanken *(wk)*	*to fill up*
die Windschutzscheibe (-n)	*windscreen*
die Zapfsäule (-n)	*petrol pump*

1 🔊 Hör zu!

Hier sind einige Leute an der Tankstelle und an der Kasse. Was möchten sie?

2 Mit einem Partner oder einer Partnerin übt Dialoge!

Zum Beispiel:
A: Guten Tag. Was möchten Sie?
B: Volltanken mit Super, bitte.
A: Sonst noch etwas?
B: Könnten Sie das Öl / die Batterie / den Luftdruck prüfen?
A: Sicher. (Wie ist der Luftdruck bei Ihren Reifen?)
B: (1,8 vorne und 1,9 hinten.)

1. bleifrei
Öl?

2. Voll – Super
Luftdruck?
2,1; 2,2

3. bleifrei
1/2 l Öl

4. Voll – bleifrei
1,9; 2,0

kg cm² entspricht psi	
1,2	18
1,4	20
1,5	22
1,6	23
1,7	25
1,8	27
2,0	29
2,2	32
2,4	35
2,5	36

3 An der Zapfsäule und an der Kasse. ●

Übt mit einer Partnerin oder einem Partner Dialoge!

Die Fragen:
Was möchten Sie?
Sonst noch etwas?
Soll ich den Luftdruck prüfen?
Soll ich das Öl prüfen?

Könnten Sie	die Batterie das Öl den Luftdruck	prüfen?

An der Zapfsäule

Benzin	Öl	Luftdruck
Bleifrei	1/2 l	vorne
Super	1 l	hinten
10 l		1,5
15 l		1,6
20 l		1,7
25 l		1,8
30 l		1,9
Voll mit		2,0
Volltanken		2,1
		2,2
		2,3

An der Kasse

Preis	Wie kommt man hin?
Benzin	Stadtmitte?
10 l = . . . DM	DJH?
20 l = . . . DM	Autobahn?
25 l = . . . DM	B 634?
Öl	Kohlstraße?
1/2 l = . . . DM	Wipperfürth?
1 l = . . . DM	Kollnburg?
	Schonach?
Schokolade	Hotel Bodes?
Getränke	Hotel zur Post?
Bonbons	
Landkarte	
Stadtplan	

4 Hör zu!

1. Hör zu und mach Notizen. Hermann Gans und Hildegard Camphausen sprechen über die Probleme ihrer Stadt.

2. Lies folgende Informationen über die Verkehrsprobleme von Urwinkl.

   Hintergrund:
   Die Stadt hat 30 000 Einwohner. Es gibt eine Altstadt und eine neue Siedlung daneben. Das Geschäftszentrum ist in der Altstadt. In der neuen Siedlung gibt es nur einige kleinen Geschäfte. Eine Bürgerinitiative hat sich gebildet und hat alle Bürger und Interessengruppen eingeladen, ihre Meinungen zu äußern.

der Bürger (-) / die Bürgerin (-nen)	*citizen*
die Bürgerinitiative (-n)	*citizens' campaign*
das Geschäftszentrum (-zentren)	*business centre*
die Siedlung (-en)	*residential area*

Von Frau Stengel

Sehr geehrte Damen und Herren,

ich schreibe Ihnen im Namen von mehreren Geschäftsleuten, die in der Stadtmitte arbeiten.

Wir sind der Meinung, daß unsere Stadt dringend ein Parkhaus benötigt, und zwar in der Nähe der Altstadt. Damit die Kundschaft ihre Autos nah an die Geschäfte fahren kann, schlagen wir vor, daß man die Gebäude in der Steingasse abreißt und dort ein Parkhaus baut. So würde die Steingasse breiter werden, und Busse könnten ohne Schwierigkeiten die Altstadt erreichen.

Eine Fußgängerzone wäre dann eine Möglichkeit.

Wir halten es für notwendig, daß wir eine Umgehungsstraße bauen. Dadurch würde die Anzahl von Kraftfahrzeugen in der Stadtmitte heftig reduziert werden. Wir brauchen auch mehr Übernachtungsmöglichkeiten für Touristen. Wir schlagen vor, daß in der Nähe des Parkhauses Platz für ein neues Hotel gemacht wird; von Investition und Bauunternehmern haben wir schon eine klare Vorstellung. Wir würden auch gern die Möglichkeit haben, unsere Vorschläge mit Ihnen weiter zu besprechen.

Mit freundlichen Grüßen,

Ihre
Ingrid Stengel

Ingrid Stengel

Einzelhandelsvorsitzende
Geschäfte für Fortschritt

der Bauunternehmer (-)	*building contractor*
benötigen *(wk)*	*to need*
die Kundschaft	*customers*

Von Herrn Brand

Sehr geehrte Damen und Herren,

Als Vorsitzender der Gruppe „Geschäfte und Umwelt" möchte ich Ihnen folgende Vorschläge betreffs unseres Verkehrsproblems unterbreiten.

Voraussetzung ist, daß wir die Autos auf unseren Straßen stark reduzieren. Wir sind nicht dafür, einen Parkplatz in der Innenstadt zu bauen. Statt dessen schlagen wir eine neue Umgehungsstraße vor, mit guten Busverbindungen in die Altstadt. Hier sollten wir eine große Fußgängerzone bauen lassen. Die neue Buslinie sollte von den Geschäften finanziell unterstützt werden. Fahrtkosten könnten dann ziemlich preisgünstig sein.

Da für uns der Tourismus so wichtig ist, ist es undenkbar, daß auch nur ein einziges von unseren Fachwerkhäusern abgerissen werden sollte.

Hochachtungsvoll,

Wolfgang Brand

betreffs *+ gen.*	*concerning*
unterbreiten *(wk)*	*to submit*
unterstützen *(wk)*	*to support*
die Voraussetzung (-en)	*requirement*

von Herrn Dieter Busch

Liebe Frau Deggendorf,

die Verkehrslage unserer Stadt kann auf einfache Weise gelöst werden. Wir haben lange genug diskutiert. Ich war vor kurzem in München und zwar ohne Auto. Völlig problemlos bin ich in die Innenstadt gefahren – und wie? Mit der U-Bahn, die schnell, sauber und pünktlich operiert. Ich schlage vor, daß wir auch eine U-Bahnlinie mit Stationen von der neuen Siedlung bis in die Altstadt und weiter bauen. Nur so können wir meines Erachtens die Probleme lösen.

Ihr

Dieter Busch

5 1. Als Austauschschüler oder -schülerin des Gymnasiums in Urwinkl nimmst du an der Diskussion teil und zwar im Sozialkundeunterricht. Die Klasse beschäftigt sich mit den Verkehrsproblemen und möglichen Lösungen. Du mußt:

   a. die verschiedenen Probleme und Gesichtspunkte kurz zusammenfassen (in Stichpunkten);

   b. einen Artikel mit Lösungsvorschlägen für die Bürgerinitiative schreiben;

   c. eine kurze Sendung für Radio Jung-Urwinkl vorbereiten mit Vor- und Nachteilen und den verschiedenen Gesichtspunkten.

2. Stell dir vor, daß du eine (oder mehr) von den folgenden Personen bist, und schreib kurze Briefe an die Zeitung.

   a. Herr Walter Schimmels Haus steht direkt an der vorgeschlagenen Umgehungsstraße.

   b. Frau Ingrid Mendner hat ein Geschäft in der Stadtmitte.

   c. Frau Hannah Wind ist Lokalhistorikerin.

   d. Manfred Siegel wohnt in der Steingasse.

> der Stichpunkt (-e) *note(s), note form*
> <u>zusammen</u>fassen *(wk)* *to summarise*

Sieh dir Seite 120, Übung 1 an!

Zur Auswahl:

a.

warm   2 T

Arzt ☎ ✓

b.

kalt   3 T

⟶ Apotheke ✓

c.

1 W
Zahnarzt ☎ ✓

d.

gestern

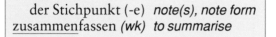

Arzt ☎ ✓
⟶ Apotheke ✓

Sieh dir Seite 120, Übung 3 an!

A.
> Skiurlaub in Südtirol
> – mit 2 Freunden
> – 12 Tage
> – wenig Tourismus
> – in einer Hütte mit Kochmöglichkeit; gute Heizung
> – gute Qualität; preisgünstig und gemütlich
> – jeden Tag auf der Piste
> – abends; gelesen, geplaudert, gekocht (großen Appetit)
> – sehr empfehlenswert
> – Schnee – trocken, gut, tief

B.
> Skiurlaub in den Schweizer Alpen
> – Reisegruppe ‚Schneetouren'
> – 8 Tage
> – sehr viele Touristen
> – Hotel mit Blick auf die Berge; mit allem Komfort – Sauna, Schwimmbad, usw.
> – sehr viele Leute auf den Pisten
> – teuer, aber gute Qualität
> – Discos usw. am Abend – sehr voll, gute Stimmung
> – Im Dorf gute Cafés, usw.
> – Schnee – gut
> – Essen gut, aber teuer

ZWEITER TEIL   Wenn man eine Panne hat
When you break down

This section teaches you how to report a breakdown, say what the problem is and how to give your location. ●

1. der Kofferraum

3. der Scheibenwischer (-)

2. das Steuer

4. die Windschutzscheibe

5. die Haube

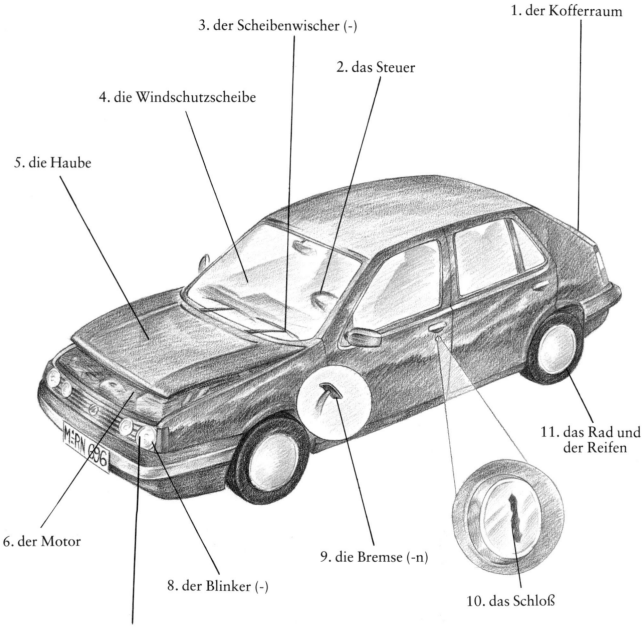

11. das Rad und der Reifen

6. der Motor

9. die Bremse (-n)

8. der Blinker (-)

10. das Schloß

7. der Scheinwerfer (-)

1 Was ist hier los?

Sprechblasen:

1. Die Haube ist zu. Ich kann sie nicht mehr aufmachen.
2. Ich habe einen Platten.
3. Ich weiß nicht. Die Scheibenwischer funktionieren nicht.
4. Die beiden Blinker sind kaputt.
5. Es sind die Bremsen. Sie funktionieren nicht.
6. Der Schlüssel ist im Schloß abgebrochen.
7. Ich habe eine Panne. Der Motor funktioniert nicht.

abbrechen (bricht, brach, gebrochen)	*to break off*
funktionieren *(wk)*	*to function*
kaputt	*broken, bust*
die Panne (-n)	*breakdown*
der Platten (-)	*flat tyre*

2 Hör zu!

Was ist los? Sieh dir den Wagen links an und schreib die Nummern der Teile des Wagens auf, mit denen die Leute ein Problem haben.

3 Am Telefon. Mit einem Partner oder Partnerin übt Dialoge!

Zum Beispiel:
A: Hallo. Können Sie mir helfen? Ich habe eine Panne.
B: Was ist los?
A: Ich weiß nicht. Der Motor funktioniert nicht, und ich kann die Haube nicht öffnen.

1.   2.   3.   4.   5.   6.   7.   8.

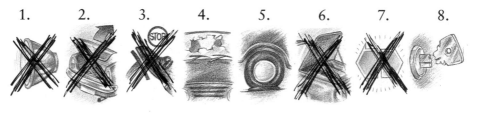

4 🔲 Hör zu und sieh dir die Landkarte an! ●

Wo sind diese Leute? Kannst du ihre Standorte notieren?
Gib die Nummern, die auf der Landkarte stehen.

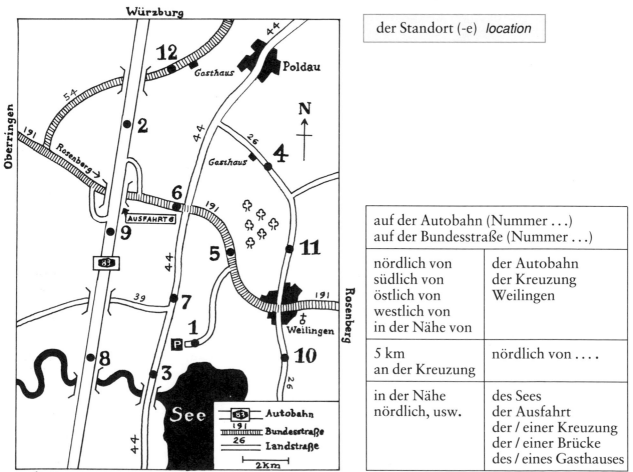

der Standort (-e) *location*

auf der Autobahn (Nummer . . .)		
auf der Bundesstraße (Nummer . . .)		
nördlich von südlich von östlich von westlich von in der Nähe von	der Autobahn der Kreuzung Weilingen	
5 km an der Kreuzung	nördlich von	
in der Nähe nördlich, usw.	des Sees der Ausfahrt der / einer Kreuzung der / einer Brücke des / eines Gasthauses	

5 Hör zu! ●

Einige Leute melden sich beim Polizeirevier, weil sie eine Panne haben.

Notiere alles auf dem Formular. Sieh dir die Landkarte auf Seite 130 an, um die Standortnummern zu geben.

	Problem	Name	Wagen	Standort
1				
2				
3				

6 Mit einer Partnerin oder einem Partner übt Dialoge!
Sagt einander euren Standort auf der Landkarte.

Zum Beispiel:
A: Ich bin auf der Landstraße 26. Nördlich von
   Weilingen in der Nähe eines Gasthauses.
B: Das ist die Nummer 4.
A: Richtig.

7 Mit einem Partner oder einer Partnerin übt Dialoge!
Einer / Eine spielt die Rolle der Polizistin / des Polizisten.

	1	2	3	4
Polizist/in:	Guten Tag / Grüß Gott. Polizeirevier.			
Fahrer/in:	Panne. Bitte um Hilfe.	Panne. Bitte um Hilfe.	Panne. Bitte um Hilfe.	Panne. Bitte um Hilfe.
Polizist/in:	Name?	Name?	Name?	Name?
Fahrer/in:	Gib einen Namen und buchstabiere ihn.			
Polizist/in:	Was ist das problem? / Was ist los? / Was ist passiert?			
Fahrer/in:	▧ ✗	◎ ✗	🚗 ✗	🛑 ✗
Polizist/in:	Standort?	Standort?	Standort?	Standort?
Fahrer/in:	Sieh die Landkarte an!	Sieh die Landkarte an!	Sieh die Landkarte an!	Sieh die Landkarte an!
Polizist/in:	Was für einen Wagen hat der Anrufer / die Anruferin?			
Fahrer/in:	Ford	Volvo	VW	Mercedes
Polizist/in:	Bleiben Sie bitte am Wagen. Wir schicken jemanden zu Ihnen von einer Werkstatt.			

8 Zum Lesen und Hören

 Eine Panne

Als die Familie Johnson in der Bundesrepublik in Urlaub war, hatten sie eine Panne. Sie wußten, daß sie im Notfall die Telefonnummer 110 anrufen sollten, um die Polizei zu erreichen, die ihnen helfen würde. Herr Johnson konnte kein Wort Deutsch. Seine Frau, die zwar etwas in der Schule gelernt hatte, konnte trotzdem kaum Deutsch sprechen, da sie in der Schule wenig Deutsch gesprochen hatte. Jedoch versuchte sie mit dem Telefonieren zurechtzukommen.

Anrufen ist einfach – erklären ist schwerer. Der Polizist, mit dem sie sprach, konnte fast kein Wort Englisch sprechen.

„Polizeiwache Werden."
   „Umm – mein Name ist Johnson. Wir haben ein Problem . . . mit . . . Wagen."
„Eine Panne oder ein Unfall?"
   „*Er* . . . Panne."
„Gut. Können Sie Ihren Standort angeben, Frau Johnson?"
   „Was? Bitte? Ich . . . ?"
„Wo sind Sie? *Where . . . is . . . you?*"
   „Wir sind . . . *oh dear* . . . ."
„Hallo. Sind Sie noch da? Können Sie sagen, wo Sie sind?"

Frau Johnson konnte ihren Standort nicht beschreiben. Der Polizist, mit dem sie gesprochen hatte, gab allen Streifenwagen durch, daß eine englische Familie Schwierigkeiten hatte. Sie fanden die Johnsons aber nicht, und bis heute weiß der Polizist nicht, was der Familie passiert ist.

Diese Geschichte, die vor einigen Jahren passierte, wurde von einem Polizisten in Essen erzählt.

erzählen *(wk)*	*to relate, to tell*
der Notfall (¨e)	*emergency*
kaum	*hardly*
trotzdem	*nevertheless, all the same*

„Die meisten Touristen, mit denen wir zu tun haben, können schon etwas Deutsch . . . . Diese aber . . . was konnte ich machen?"

9 Zum Lesen

Was sollte man machen, wenn man eine Panne hat?

Wenn man in der Bundesrepublik eine Panne auf der Autobahn hat, ruft man von einer Notrufsäule die Nummer 110 an. Das Gleiche gilt auch für Unfälle. Die Polizei kommt sofort. Wenn man nicht auf der Autobahn ist, sondern auf einer Bundesstraße oder einer Landstraße, kann man eine Werkstatt, den Touringclub, den ADAC, usw. oder auch die Polizei anrufen und um Rat bitten.

Hilfe über Notrufsäulen

Wenn Ihr Auto defekt ist, können Sie Hilfe über eine der Notrufsäulen anfordern, die im Abstand von 2 Kilometern an den Autobahnen und auch schon auf einigen anderen Straßen stehen. Den kürzesten Weg zur nächsten Säule weisen die kleinen schwarzen Pfeile auf den weißen Begrenzungspfählen.

ADAC, Allgemeiner Deutscher Automobil Club	*Motoring club (like the AA or RAC)*
gelten (gilt, galt, gegolten) für + *acc.*	*to apply equally to, to hold true for*
die Notrufsäule (-n)	*emergency telephone*

der Abstand (¨e)	*distance*
anfordern *(wk)*	*to request*
der Pfahl (¨e)	*stake, post*
der Pfeil (-e)	*arrow*
weisen *(wk)*	*to indicate*

Auf den Straßen

np. Washington. Mit einem lebendigen Hummer, den er in einen Sack gesteckt hatte, fuhr Mark Labbe nach Hause. Der Hummer beschloß jedoch, sein Leben so teuer wie möglich zu verkaufen. Er kroch aus dem Sack und biß Mark ins Bein. Woraufhin dieser vor Schreck und Schmerz mit einem anderen Auto zusammengestoßen ist. Glücklicherweise wurde niemand verletzt. Auch der Hummer nicht.

beißen (beißt, biß, gebissen)	*to bite*
der Hummer (-)	*lobster*
*kriechen (kriecht, kroch, gekrochen)	*to creep*
der Schmerz (-en)	*pain*
woraufhin	*whereupon*

1. What was Mark doing when the accident happened?
2. What actually caused the accident?
3. Was anyone hurt as a result of the accident?

Trauriger Weltrekord

Alle vier Stunden verunglückt in der Bundesrepublik Deutschland ein Kind tödlich. Nach Statistiken der Aktion „Das sichere Haus" hält die Bundesrepublik damit den traurigen Weltrekord. Allein im Straßenverkehr verletzen sich jährlich 60 000 Kinder bis zu 15 Jahren. Besonders gefährdet sind Kinder zwischen 2 und 6 Jahren. dpa

die Aktion	campaign group
gefährdet	endangered
traurig	sad
der Verkehr	traffic
★verunglücken (wk)	to have an accident

1. How frequently is a child killed on the roads in the Federal Republic?
2. Which children are in greatest danger?

i

Das Plusquamperfekt   The pluperfect tense

*This is formed from the **Imperfekt** and the past participle, and is used to say that someone **had** done something.*

Sie hatte Deutsch in der Schule gelernt.
Er war vor vielen Jahren in Deutschland gewesen.

Wortstellung bei ,da'   since

Da sie wenig Deutsch sprach, hatte sie Schwierigkeiten.
Deutsch fand sie schwer, da sie es wenig gesprochen hatte.

i

Das Relativpronomen   The relative pronoun

	Maskulinum	Femininum	Neutrum	Plural
Nominativ	der	die	das	die
Akkusativ	den	die	das	die
Dativ	dem	der	dem	denen

Zum Beispiel:
Der Polizist, mit dem sie sprach, konnte kaum Englisch sprechen.
Die meisten Touristen, mit denen wir zu tun haben, sprechen etwas Deutsch.

10 Die folgenden Abschnitte beschreiben einen Urlaub.

1. Lies sie durch und ordne sie so ein, daß du einen zusammenhängenden Text daraus machst.
   Ein Tip: Such dir erst mal den Anfang und das Ende aus.
2. Kannst du jetzt folgendes sagen:
   Wie lange war der Urlaub?
   Wie lange haben sie in den verschiedenen Urlaubsorten verbracht?
   An welchen Tagen haben sie die Ferien begonnen und beendet, und an welchen Tagen sind sie weitergefahren?
3. Stell dir vor, daß du einer / eine dieser Urlauber warst. Mit einem Partner oder einer Partnerin zusammen schreibt ein Tagebuch über die Ferien.

a. Das Verkehrsamt schlug zwei Gasthäuser vor, eins an einem See und das andere in der Ortsmitte. Sie haben sich für das erste entschieden.

b. Nach drei ganzen Tagen in der Sonne fuhren sie am nächsten Morgen entspannt nach Hause.

c. Sie hatten viel Bewegung in diesen ersten Tagen – Wanderungen im Wald und Fahrradtouren den Fluß entlang.

d. Hier war das Wetter warm und sonnig, und sie konnten endlich im Trockenen zelten.

e. Am Sonntag dem 2. Mai gingen die Ferien los.

f. Sie hatten eigentlich vorgehabt, die ganzen Ferien über zu zelten, aber schon in der ersten Woche hatte es geregnet, und daraufhin entschieden sie sich, am nächsten Urlaubsziel in einem Gasthaus zu übernachten.

g. Dann hatten sie eine Autopanne, und deswegen mußten sie noch drei Tage bleiben. Aus der geplanten Woche sind zehn Tage geworden.

h. Statt Fahrradtouren zu machen, verbrachten sie viel Zeit am Strand. Es war herrlich, im warmen Wasser zu schwimmen und in der Sonne zu liegen.

i. Zwar gefiel ihnen das Gasthaus sehr, aber das Wandern bei Regenwetter machte ihnen keinen Spaß. Also beschlossen sie, weiter nach Süden zu fahren, und nach vier Nächten in den Bergen fuhren sie in Richtung Küste los.

j. Wie geplant, zelteten sie an ihrem ersten Urlaubsziel. Obwohl es ziemlich kalt und regnerisch war, hofften sie auf besseres Wetter.

k. Sie mußten im Gasthaus anrufen, um zu sagen, daß sie später und zwar erst am Mittwoch ankommen würden.

l. Da der Wagen immer noch in der Werkstatt war, und da es noch regnete, konnte man auf dem Campingplatz nichts anfangen. Sie machten also einen Ausflug. Sie fuhren mit der Bahn in die Stadt und besichtigten die Stadt und ihre Museen.

m. Sie wollten Fahrräder mieten, konnten aber keine finden. Trotz des Regens hatte es ihnen in der ersten Ferienwoche so viel Spaß gemacht, Fahrradtouren zu machen, daß sie diese Erfahrung gern wiederholt hätten. Sie waren enttäuscht, daß sie keine Fahrradtouren die Küste entlang machen konnten.

n. Dort schien die Sonne an nur einem Tag, und obwohl man im See schwimmen konnte, war es zu kalt.

DRITTER TEIL Man bereitet eine Reise vor

Preparing a journey

This section teaches you how to make enquiries and a reservation for a train journey.

Als Karl in Norddeutschland auf Urlaub war, beschloß er, für die Rückreise eine Reservierung zu machen. Er tat das, weil er auf der Hinreise nach Hamburg Schwierigkeiten hatte, einen Fensterplatz zu finden. Er ging zum Bahnhof, und eine Beamtin stellte ihm eine Platzkarte aus. Dafür mußte Karl einen Zuschlag bezahlen.

> die Platzkarte (-n) *seat reservation card*
> eine Platzkarte ausstellen *(wk)* *to fill in a reservation card*
> der Zuschlag (-̈e) *supplement*

Die Beamtin wollte folgendes wissen:
– wohin er reisen wollte;
– wann er reisen wollte;
– mit welchem Zug er reisen wollte;
– welche Klasse er bevorzugte;
– ob er in einem Raucher- oder Nichtraucherabteil reisen wollte;
– was für einen Platz er haben wollte – Fensterplatz, Gangplatz oder Mittelplatz.

> das Abteil (-e) *compartment*
> bevorzugen *(wk)* *to prefer*
> der Gangplatz (-̈e) *gangway seat*
> das Raucherabteil (-e) *smoking compartment*

„Guten Tag. Ich möchte einen Platz reservieren."
  „Für welche Strecke, bitte?"
„Hamburg–Würzburg."
  „An welchem Tag fahren Sie?"
„Am 8. August, morgens um 09.45 Uhr."
  „Das ist der Inter-City 177. Welche Klasse möchten Sie? Erster oder zweiter?"
„Zweiter, bitte."
  „Rauchen Sie, oder möchten Sie ein Nichtraucherabteil?"
„Ich bin Nichtraucher."
  „Mhm . . . . Nun, möchten Sie einen Fensterplatz, einen Gangplatz, oder möchten Sie in der Mitte sitzen?"
„Einen Fensterplatz, bitte."
  „Gut. Als Ersatzzug trage ich den Inter-City 183 ein. Der kommt um genau die gleiche Zeit wie der 177 in Würzburg an. Er fährt aber etwas früher ab. Ist das in Ordnung?"
„Ja. Danke."
  „Alles klar. Wenn Sie einen Augenblick warten möchten."

Note: The expression ‚erster oder zweiter Klasse' is in the genitive case.

> der Ersatzzug (-̈e) *alternative train*
> die Strecke (-n) *stretch (of line)*

1 Beantworte folgende Fragen!

1. *Where was Karl going?*
2. *Which train did he want to reserve a seat on?*
3. *Which class did he choose?*
4. *Did he choose a seat in a smoking compartment?*
5. *Where was his seat?*
6. *Why did the official mention the Inter-City 183?*

Züge der Bundesbahn

In der Bundesrepublik gibt es verschiedene Züge:
1. Der Nahverkehrszug oder Personenzug – dieser Zug verkehrt zwischen Städten und hält an jedem Bahnhof.
2. Die S-Bahn oder Stadtbahn – dieser Zug verkehrt in einigen größeren Städten.
3. Der Eilzug – dieser Zug hält nur in den größeren Städten. Er wird mit einem E auf dem Fahrplan gekennzeichnet.
4. Der Schnellzug oder D-Zug – dieser Zug hält nur in den wichtigeren Orten und hält seltener als der E-Zug. Er wird mit einem D auf den Fahrplänen gekennzeichnet.
5. Der Inter-City Zug – dieser Zug verbindet Großstädte und verkehrt über die Grenzen hinweg. Sein Kennzeichen ist **IC** . Ein Zuschlag ist erforderlich, wenn man mit diesem Zug reist.

2 *Match the photographs to the texts given above.*

erforderlich	*required*
er wird gekennzeichnet	*it is denoted*
das Kennzeichen (-)	*sign, symbol*
kennzeichnen *(wk)*	*to denote, indicate*
selten	*seldom*
verkehren *(wk)*	*to travel (as in 'The train travels between x and y.')*
der Verkehr	*traffic*

1.

2.

4.

3.

5.

3 Arbeite mit einer Partnerin
oder einem Partner!

von Hamburg nach **Würzburg**   **543 km**

Fahrpreise (Tarifstand 1. Mai 1991)
1. Klasse einfache Fahrt 122,— DM, Rückfahrkarte 244,— DM
2. Klasse einfache Fahrt 81,— DM, Rückfahrkarte 162,— DM
Zuschlag für **I⊏** 10,— DM (1. Klasse) und 5,— DM (2. Klasse)

Zug	Hamburg-Altona ab	Gleis	Hamburg Hbf ab	Gleis	Hamburg-Harburg ab	Gleis	Würzburg Hbf an	Bemerkungen
I⊏581	{5.26	9	{5.40	14	{5.52	4	{10.48	Riemenschneider ✉; verk ① bis ⑥, nicht 8. VI.
D 371	—	—	6.00	11	6.13	4	11.48	✉; Ⓤ Hannover I⊏ ✂
D 781	6.14	10	6.30	14	6.44	4	12.04	✂
I⊏599	{6.29	9	{6.45	13	—		{11.48	Ludwig Uhland ✂; verk ① bis ⑥, nicht 8. VI.; Ⓤ Hannover I⊏
D 783	6.39	11	6.55	13	7.11	4	13.17	⛾
I⊏173	{7.29	10	{7.45	13	—		{12.48	Tiziano ✂; verk ① bis ⑥, nicht 8. VI.; Ⓤ Hannover I⊏
I⊏173	7.29	10	7.45	13	—		13.17	Tiziano ✂; Ⓤ Fulda
D 785	7.34	9	7.50	14	8.06	4	14.18	⛾
I⊏585	8.16	8	8.30	14	8.44	4	13.48	Ernst Barlach ✂
I⊏175	8.29	9	8.45	14	—		13.48	Otto Hahn ✉; Ⓤ Hannover I⊏
D 793	8.34	8	8.50	14	9.06	4	15.04	⛾ ab Hannover
I⊏183	9.16	9	9.30	13	9.45	4	14.48	Prinz Eugen ✂
I⊏177	9.31	11	9.45	14	—		14.48	Hispania ✂; Ⓤ Hannover I⊏
I⊏587	10.29	11	10.45	14	—		15.48	Albrecht Dürer ✉
I⊏577	{11.31	8	{11.45	14	—		{16.48	Schauinsland ✂; verk ① bis ⑤, nicht 8. VI.; Ⓤ Hannover I⊏
I⊏179	12.31	8	12.45	13	—		17.48	Helvetia ✂; Ⓤ Hannover I⊏
I⊏691	{13.31	9	{13.45	13	—		{18.48	Hohenstaufen ✂; verk täglich außer ⑥, nicht 7. VI.; Ⓤ Hannover I⊏

Sieh dir den Fahrplan
Hamburg Hbf–Würzburg an!
Beantworte folgende Fragen!

1. *Which train leaves at 7.50?*
2. *Which platform does the 10.45 leave from?*
3. *If you were going to Würzburg on the Inter-City 599, would you have to change?*
4. *Which sort of trains are given names?*
5. *What is the cost of a second class return fare?*
6. *What is the cost of the Inter-City second class supplement?*

4   🔳   Hör zu! ●

Drei verschiedene Personen reservieren einen Platz.
Trag die Tabelle in dein Heft ein und fülle sie aus!

	1	2	3
Strecke			
Tag / Datum			
Zugnummer			
Klasse			
Raucher / Nichtraucher			
Fenster-/ Mittel-/ Gangplatz			
Ersatzzugnummer			

Für welche dieser drei Personen wurde diese Platzkarte ausgestellt?

5 Mit einem Partner oder einer Partnerin übt Dialoge!

Using the timetable given here and the half dialogue given below, practise making reservations.
Use the timetable for the details of trains but invent the other details.
The partner taking the part of the official should fill in a form
like the one used in Exercise 4.

von Hamburg nach Nürnberg 646

Fahrpreise (Tarifstand 1. Mai 1991)
1. Klasse einfache Fahrt 147,— DM (141,— DM), Rückfahrkarte 294,— DM (282,— DM)
2. Klasse einfache Fahrt 90,— DM (84,— DM), Rückfahrkarte 196,— DM (188,— DM)
Zuschlag für IC 10,— DM (1. Klasse) und 5,— DM (2. Klasse)
Der in Klammern gesetzte Fahrpreis gilt ab Hamburg-Harburg

A: Ich möchte einen Platz reservieren.

B: Für welche Strecke?

A: ...

B: An welchem Tag fahren Sie?

A: ...

B: Mit welchem Zug möchten Sie fahren?

A: ...

B: Danke. Erster oder zweiter Klasse?

A: ...

B: Möchten Sie ein Raucherabteil oder nicht?

A: ...

B: Wo möchten Sie im Abteil sitzen? Am Fenster, in der Mitte oder am Gang?

A: ...

B: Welcher Zug wäre Ihnen am liebsten als Ersatzzug?

A: ...

B: Danke. Wenn Sie einen Augenblick warten möchten.

Zug	Hamburg-Altona ab	Gleis	Hamburg Hbf ab	Gleis	Hamburg-Harburg ab	Gleis	Nürnberg Hbf an	Bemerkungen
IC 581	{5.26	9	{5.40	14	{5.52	4	{11.56	Riemenschneider ✂; U Würzburg IC; verk ① bis ⑥ nicht 8. VI.
D 371	—		6.00	11	6.13	4	12.56	✂; U Hannover IC ✂
IC 599	{6.29	9	{6.45	13			{12.56	Ludwig Uhland ✂; verk ① bis ⑥ nicht 8. VI. U Hannover IC
IC 173	{7.29	10	{7.45	13			{13.56	Tiziano ✂; U Hannover u Würzburg IC; verk ① bis ⑥ nicht 8. VI.
D 785	7.34	9	7.50	14	8.06	4	15.29	1
IC 585	8.16	8	8.30	14	8.44	4	14.56	Ernst Barlach ✂; U Würzburg IC
IC 175	8.29	9	8.45	13	—		14.56	Otto Hahn ✂; U Hannover und Würzburg IC
IC 183	9.16	9	9.30	13	9.45	4	16.01	Prinz Eugen ✂
IC 177	9.31	11	9.45	14	—		16.01	Hispania ✂; U Hannover IC
IC 587	10.29	11	10.45	14	—		16.56	Albrecht Dürer ✂
IC 577	{11.31	8	{11.45	14	—		{17.56	Schauinsland ✂; verk ① bis ⑤, nicht 8. VI. U Hannover und Würzburg IC
IC 179	12.31	8	12.45	13	—		18.56	Helvetia ✂; U Hannover IC

6 📼 Hör zu!

Auf dem Bahnsteig. Kannst du folgende Durchsagen verstehen?
Beantworte folgende Fragen!

> die Durchsage (-n) *station announcement*

1. a. Was für ein Zug ist das?
   b. Wann fährt er ab?
   c. Von welchem Gleis fährt er ab?

2. a. Was für ein Zug ist der Rheinexpreß?
   b. Wo fährt er ab?
   c. Fährt er planmäßig ab?
   d. Warum oder warum nicht?

3. a. Wohin fährt die S-Bahn?
   b. Was sollten die Passagiere tun?
   c. Wann muß man vorsichtig sein?

4. Wohin sollte Frau Weddell gehen?

5. a. Was für ein Zug ist das?
   b. Woher kommt er?
   c. Was ist los?

> planmäßig *according to plan, to timetable*

7 Übe mit einer Partnerin oder einem Partner Dialoge! Ihr seid am Bahnhof und möchtet Auskunft über einige Züge haben.
Der / Die eine stellt Fragen, und der / die andere gibt Antworten.
Die Antworten findet man auf dem Fahrplan auf Seite 142.

Schüler / Schülerin A möchte folgendes wissen:

1. a. Wann der nächste Zug nach Frankfurt fährt.
   b. Von welchem Gleis er abfährt.
   c. Ob er / sie umsteigen muß.
   d. Wann er / sie ankommt.
   e. Ob er / sie unterwegs essen kann.
   f. Ob er / sie einen Zuschlag bezahlen muß.

2. a. Wann der nächste Zug nach Koblenz fährt.
   b. Wann er ankommt.
   c. Ob er / sie umsteigen muß. Wo? Wann?
   d. Welche Nummer der Zug hat.

Schüler / Schülerin B möchte folgendes herausfinden:

1. a. Wann der nächste Zug nach Paris fährt.
   b. Von welchem Gleis er abfährt.
   c. Ob er / sie unterwegs essen kann.
   d. Welche Nummer der Zug hat.
   e. Ob ein Zuschlag erforderlich ist.

2. a. Wann ein Zug nach Stuttgart fährt.
   b. Von welchem Gleis er abfährt.
   c. Wann er ankommt.
   d. Ob er / sie umsteigen muß. Wo? Wann?
   e. Ob er / sie unterwegs essen kann.

8 **Ein Ereignis auf einer Geschäftsreise**

Du bist Polizist / Polizistin. Du mußt zwei Zeugen wegen eines Diebstahls vernehmen. Ein Geschäft ist ausgeraubt worden. Zwei Leute haben den Diebstahl gesehen, und einer / eine davon ist überfallen worden. Der Lehrer / Die Lehrerin spielt die Rollen der Zeugen / der Zeuginnen und hat die nötigen Informationen über sie. Du mußt folgendes machen:

1. Fragen stellen und alles herausfinden (Sieh die Stichwörter unten).
2. Mit einem Partner oder einer Partnerin einen Bericht erstatten.
3. Einen mündlichen Bericht über das Ereignis geben.

Stichwörter zur Vernehmung:
a. Der erste Zeuge / Die erste Zeugin – Name, Alter, Wohnort, Beruf
b. Der Abend – warum noch wach?
c. Das Ereignis:
   Uhrzeit
   Was gesehen?
   Täter – wie viele? Aussehen? Kleidung?
   Das Einbrechen ins Geschäft?
   Der Überfall des Fußgängers / der Fußgängerin.
d. Der zweite Zeuge / Die zweite Zeugin – das Überfallsopfer
   Name, Alter, usw.

einen Bericht erstatten	*to draw up a report*
das Ereignis (-se)	*event*
das Überfallsopfer (-)	*victim of attack*
die Vernehmung (-en)	*questioning, interrogation*
der Zeuge (-n) / die Zeugin (-nen)	*witness*

9 Zum Lesen

Wie ein Wunder

Eine 16jährige Schülerin ist zwischen Celle und Lüneburg von einem Zug überrollt und wie durch ein Wunder nur leicht verletzt worden. Sie war aus einem fahrenden D-Zug gestürzt und offenbar so glücklich auf das Nachbargleis gefallen, daß die Räder des entgegenkommenden Zuges sie nicht erfassen konnten.

erfassen *(wk)*	*to catch, to drag along*
das Nachbargleis (-e)	*neighbouring track*
offenbar	*clearly, obviously*
überrollen *(wk)*	*to run over*

1. Where did the accident occur?
2. What did she fall from?
3. What did she fall onto?
4. What was the extent of her injuries?

Sieh dir Seite 140, Übung 7 an!

Zug	Fahrplan Abfahrt	Reiseziel	Gleis	Bemerkungen
D 450	10.11	Paris Est 14.05 (Zuschlag erforderlich)	12	✂ Ⓤ Metz 11.06
4033	10.31	Hanweiler 10.53	6	
⟊ 336	10.34	Frankfurt (M) 14.07 (Zuschlag erforderlich)	22	✂
4840	10.44	Trier 12.14	5	
E 2057	11.08	Koblenz 13.43	19	Ⓤ Trier 12.18
⟊ 681	11.10	Hannover 18.00	6	✂ Ⓤ Kaiserslautern 12.05
E 3107	11.20	Mannheim 13.05	8	
E 1095	12.04	Straßburg 13.50	6	✂
⟊ 915	12.05	Metz 13.35	4	
E 2657	12.12	Würzburg 16.49	12	✂ Ⓤ Heidelberg 14.21
D 804	13.01	Köln 16.42	19	✂
E 2753	13.37	Stuttgart 17.35	5	Ⓤ Landau 15.15

Ⓤ = umsteigen
✂ = Zugrestaurant

Wiederholung

1 Arbeite mit einem Partner oder einer Partnerin!
Beschreibt folgende Leute! Wie sehen sie aus? Wie groß sind sie? Was tragen sie?
Wie alt könnten sie sein?

a. 1,76 m

b. 1,65 m

c. 1,80 m

d. 1,62 m

2 Wo wohnen folgende Leute? Stellt einander Fragen!

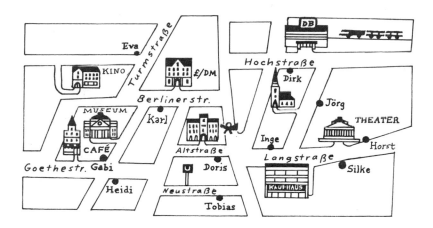

3 Wohin kommen diese Möbelstücke? Stellt einander Fragen!

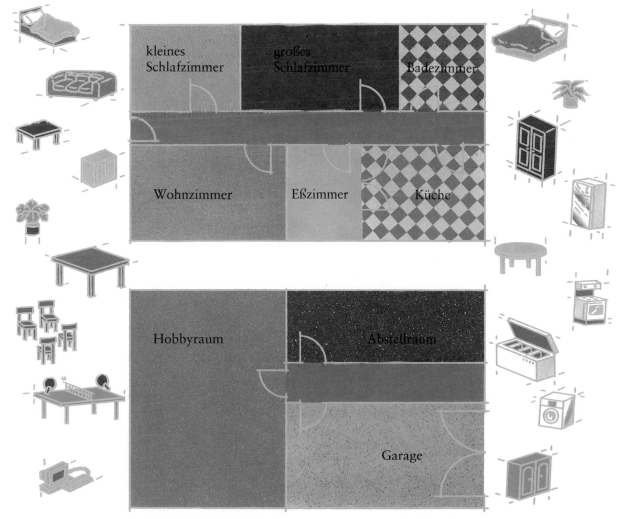

Deutschlands Geschichte im 20. Jahrhundert

1989 feierten die Deutsche Demokratische
Republik und die Bundesrepublik
Deutschland ihre 40. Geburtstage.
Warum gab es diese zwei Staaten?
Um dies zu verstehen, muß man in
die Geschichte des 20. Jahrhunderts
zurückblicken.

empire
areas, districts
abdicate

1. Vor dem ersten Weltkrieg (1914–1918)
war das Deutsche Reich ein ziemlich
großes Land. In diesem Krieg aber verlor
es Gebiete im Osten und im Westen.
Nach dem Krieg kam eine Revolution,
und der Kaiser mußte abdanken. Eine
Republik wurde gegründet.

Deutsches Reich 1871-1918

2. Für die junge Republik waren die späten zwanziger Jahre sehr chaotisch. Die
poverty   Depression brachte Arbeitslosigkeit und Armut, Umstände, die politische
exploit   Extremisten auszunutzen wußten. Die Nationalsozialistische Arbeiterpartei
              Deutschlands (die Nazis), von Adolf Hitler geführt, kämpfte gegen die
reintegration Kommunisten, gegen die Arbeitslosigkeit und für die Wiedereingliederung der
              Gebiete, die Deutschland nach dem ersten Weltkrieg verloren hatte. Die Nazis
force   benutzten Terror und Gewalt gegen ihre politischen Gegner.

power 3. 1933 kam Hitler an die <u>Macht</u>. Er begann sofort, den Krieg vorzubereiten. Seine Armeen marschierten in die Tschechoslowakei und in Österreich ein. Als sie 1939 in Polen einmarschierten, brach der zweite Weltkrieg aus. In diesem Krieg starben Millionen – 20 Millionen allein in Rußland.

4. Sechs Jahre später starb Hitler. Die deutsche Gesellschaft und Industrie waren *destroyed* <u>zerstört</u>. Die vier Mächte – die Vereinigten Staaten, die Sowjetunion, Frankreich und Großbritannien – entschlossen sich, das Land in vier Sektoren zu teilen. Rußland nahm den Osten, die Vereinigten Staaten den Süden, Frankreich den Südwesten und Großbritannien den Nordwesten. Berlin wurde *not till* <u>erst</u> später in vier Sektoren geteilt.

Deutschland in 1945

5. In Berlin machte die Sowjetunion große
Schwierigkeiten. 1948 <u>sperrte</u> Stalin
die Autobahnen und die Eisenbahnlinien.
Berlin konnte nur durch Flugzeuge
<u>beliefert</u> werden. Die Berliner
‚Luftbrücke' dauerte mehrere Monate.
Am Ende mußte Stalin <u>nachgeben</u>.

blocked

provisioned

give way

6. 1949 wurde die Bundesrepublik mit der
Unterstützung der drei westlichen
Mächte gegründet, und im Osten die
DDR. Man wollte kein <u>einheitliches</u>
Deutschland.

single

Die zwei deutschen Staaten 1949

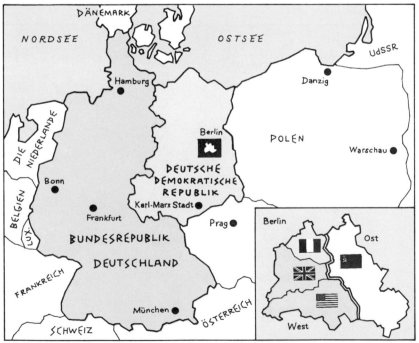

7. In den ersten Jahren konnten die
citizens DDR-Bürger relativ leicht in den
Westen reisen, und viele kamen in
den Westen, um dort zu wohnen.
Dann baute die DDR 1961 die
Berliner Mauer. Die Grenze war zu.
Es war fast unmöglich für die DDR-
Bürger über die Grenze zu reisen.
Berlin wurde in zwei Teile geteilt,
und die östliche Hälfte wurde die
Hauptstadt der DDR.

8. Die DDR war ein kommunistischer
Staat. In diesem Staat gab es
Organisationen für junge Leute –
die Jungen Pioniere (6–13 Jahre) und
die Freie Deutsche Jugend (FDJ)
(14–25 Jahre). Die jungen Leute in
diesen Organisationen trugen eine
Uniform – ein rotes Halstuch für die
Pioniere und eine blaue Bluse oder
ein blaues Hemd für die FDJler.
Beide Organisationen spielten eine
bedeutende Rolle, sowohl in der
Schule als auch in der Freizeit.
Zwar gab es eine ziemlich breite
spread, offering Palette von Freizeitmöglichkeiten,
aber nur im Rahmen der offiziellen
Jugendorganisationen.

laws Es gab auch Gesetze für Pioniere
und FDJler. Diese Gesetze
hingen in allen Schulen aus.

Die Gesetze der Thälmannpioniere

WIR THÄLMANNPIONIERE
lieben unser sozialistisches Vaterland, die
Deutsche Demokratische Republik.

WIR THÄLMANNPIONIERE
tragen mit Stolz unser rotes Halstuch und
halten es in Ehren.

WIR THÄLMANNPIONIERE
lieben und achten unsere Eltern.

WIR THÄLMANNPIONIERE
lieben und schützen den Frieden und hassen
die Kriegstreiber.

WIR THÄLMANNPIONIERE
sind Freunde der Sowjetunion und aller
sozialistischen Brudervölker und halten Freundschaft
mit allen Kindern der Welt.

WIR THÄLMANNPIONIERE
lernen fleißig, sind ordentlich und diszipliniert.

WIR THÄLMANNPIONIERE
lieben die Arbeit, achten jede Arbeit und alle
arbeitenden Menschen.

WIR THÄLMANNPIONIERE
lieben die Wahrheit, sind zuverlässig
und einander freund.

WIR THÄLMANNPIONIERE
machen uns mit der Technik vertraut, erforschen
die Naturgesetze und lernen die Schätze
der Kultur kennen.

WIR THÄLMANNPIONIERE
halten unseren Körper sauber und gesund,
treiben regelmäßig Sport und sind fröhlich.

WIR THÄLMANNPIONIERE
bereiten uns darauf vor, gute Mitglieder der
Freien Deutschen Jugend zu werden.

9. In den frühen achtziger Jahren
gab es große Änderungen in den
östlichen Ländern. In der
develop Sowjetunion entstand die Idee
openness von ‚Glasnost‘ – Offenheit.
Der ‚Kalte Krieg‘ schien
zu Ende zu gehen. 1989 öffnete
Ungarn seine Grenze zu
Österreich, und im gleichen
Jahr reisten mehr als 50 000
DDR-Bürger über diese Grenze
in die Bundesrepublik.

10. So begann die Revolution in der DDR. Am 40. Geburtstag des Staates, am 7. Oktober 1989, gab es große Demonstrationen in Berlin und in Leipzig. Am 17. Oktober demonstrierten allein in Leipzig mehr als 100 000 *demanded* Leute. Sie verlangten neue Wahlen, Pressefreiheit und Demokratie.

developed 11. 1989 entwickelte sich die Situation sehr schnell. Demonstrationen wurden immer größer, und immer mehr Leute kamen aus der DDR in die Bundesrepublik. Dann am 9. November öffnete man die Grenze, und man *demolish* begann die Berliner Mauer abzureißen. Für die Deutschen war dies ein sehr, sehr wichtiger Tag. Nach fast 30 Jahren konnten sie frei über die Grenze in ‚das andere Deutschland‘ fahren. Schon im Juli 1990 konnten die DDR-Bürger ihr Geld gegen D-Mark umtauschen. Daraufhin gab es nur eine *currency* deutsche Währung. So ging es weiter, bis Ende 1990, als die zwei deutschen Staaten zu einem vereinten Deutschland wurden.

Schriftliche Übungen

Kapitel 1

ERSTER TEIL (Seite 5)

1. Ergänze!

Zum Beispiel:
„Kannst du mir bitte den Besen holen?"
   „Wo ist er?"
„Ich habe ihn in der Küche gesehen."

a. „Hast du das Telefonbuch gesehen?"
      „Ja. ... ist auf dem Tisch."
   „Bringst du ..., bitte?"
b. „Kannst du mir den Staubsauger holen?"
      „Wo ist ...?"
   „... ist im Küchenschrank."
c. „Wo ist die Tischdecke?"
      „Ich weiß es nicht. Ich habe ... nicht
      gesehen."
   „Da liegt ... – auf dem Schrank."
d. „Habt ihr noch das Geschirrtuch?"
      „Ich habe ... irgendwo gesehen. Da ist ... ."
e. „Hast du die Gläser schon gespült?"
      „Nein. Noch nicht. Ich spüle ... aber gleich."
f. „Kannst du mir den Spüllappen geben?"
      „Nein. Noch nicht. Ich brauche ... noch. Du
      kannst ... gleich haben."

2. Wer hilft wem?
Who's helping whom?
Make up sentences that make sense and remember
helfen *takes the dative.*

Der Verkäufer	hilft	d... Kunden
Die Ärztin		d... Schüler
Der Automechaniker		d... Patientin
Der Lehrer		ihr... Mutter
Der Zahntechniker		sein... Mutter
Susanne		d... krank...
Die Krankenschwester		Mann
Franz		d... Kunden
		d... Zahnarzt

3. Ergänze folgende Fragen!

Lehrer fragen ihre Schüler, was sie vorhaben. (Die
Schüler gehen aus, aber nicht allein, sondern in
Gruppen.)

a. W... geht schwimmen?
b. Mit w... geht Monika ins Café?
c. W... geht zum Eisstadion?
d. W... hat Jens in seiner Gruppe?
e. Bei w... ist Cornelius in der Gruppe?
f. W... geht zum Jugendklub?
g. Mit w... gehst du aus, Paul?

4. Schreib Dialoge nach dem folgenden Beispiel!

?→ Tisch abwischen

A: Ich brauche einen Lappen.
B: Wozu?
A: Um den Tisch abzuwischen.

a. ? → Zimmer saubermachen

b. ?→ Kaffee kochen

c. ?→ abtrocknen

d. ? → Flur kehren

e. ?→ Hemden bügeln

f. ? → Tisch wischen

g. Schuhcreme ? → Schuhe putzen

h. ? → Zwiebeln kleinschneiden

5. Beantworte folgende Fragen!
Zum Beispiel:

Warum braucht er einen Lappen?
Weil er den Tisch abwischen will.

d. Warum braucht sie einen Anorak?

a. Warum braucht sie einen Kuli?

e. Warum braucht er ein Bügeleisen?

b. Warum braucht sie ein Geschirrtuch?

f. Warum braucht er einen Topf?

c. Warum braucht er einen Besen?

g. Warum braucht sie die Tischdecke?

151

6. Und nun ganz unhöflich!

You're fed up with asking nicely. Now just issue orders!

Zum Beispiel:
Höflich: Kannst du mir bitte beim Spülen helfen?
Unhöflich: Spül!

a. Könntet ihr die Tür bitte aufmachen?
b. Könntet ihr mir bitte helfen?
c. Könntest du das Radio bitte ausmachen?
d. Kannst du den Tisch bitte decken?
e. Könntest du mir bitte beim Abtrocknen helfen?
f. Könntet ihr euer Zimmer bitte saubermachen?
g. Kannst du den Fernseher bitte ausmachen?
h. Kannst du das Licht wieder anmachen?
i. Kannst du die Tür bitte zumachen?
j. Es zieht hier. Könntest du das Fenster bitte zumachen?

ZWEITER TEIL (Seite 19)

7. Schreib Dialoge!

Nach dem Essen hilft Joan beim Abräumen des Tisches. In der Küche kennt sie sich aber schlecht aus. Sie muß viele Fragen stellen.

Zum Beispiel:

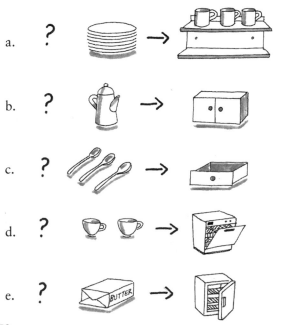

„Wo kommen die Messer hin?"
  „Sie kommen in die Schublade."

a.
b.
c.
d.
e.

f.
g.
h.
i.
j.

8. Can you match up the offers of help made by the second person with the statements made by the first person?

a. Ich habe sehr starke Halsschmerzen.
b. Wann fängt der Film an? Weißt du?
c. Wann fährt mein Zug? Ich weiß nicht mehr.
d. Ich habe seit zwei Tagen Zahnweh.
e. Meine kleine Muffi ist krank, weißt du.
f. Ich habe meine Tasche verloren.

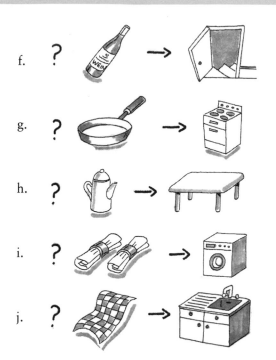

1. Soll ich den Zahnarzt für dich anrufen?
2. Soll ich die Polizei anrufen?
3. Nein. Soll ich das Kino anrufen?
4. Soll ich den Arzt anrufen?
5. Soll ich den Bahnhof für dich anrufen?
6. Schade! Soll ich den Tierarzt anrufen?

9. Schreib Dialoge!
Benutze die richtige Form von ‚diese'!

der

Zum Beispiel:
„Möchtest du **diesen** Rock kaufen?"
„Ja. **Er** gefällt mir gut."

a.

das

f.

die

b.

der

g.

das

c.

der

h.

die

d.

der

i.

der

e.

der

j.

der

10. Herr und Frau Winking sind Hausmeister eines Wohnblocks. Leider können sie nicht immer das machen, was sie wollen. Letzten Mittwoch war ein typisches Beispiel dafür.

Erfinde Sätze!
Zum Beispiel:

Um neun Uhr **wollte** Frau Winking einen Kaffee trinken, **konnte** aber nicht, weil sie zu Frau Block heraufgehen **mußte**.

a.

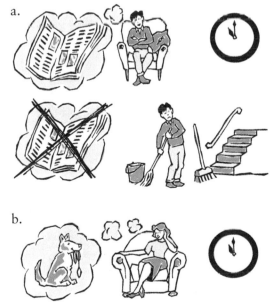

b.

c.

d.

e.

Wiederholung *Revision*

Imperfekt

11. Setz ins Imperfekt!
Use the verbs below. They are in the correct order.

a. Monika und Ulrike ..., nach Berlin zu fahren. Als sie dort ..., ... sie eine Unterkunft. Sie ... nach dem Weg zum Verkehrsamt. Dort ... man ihnen, eine Unterkunft zu finden. Der Mann ... ihnen auch eine Broschüre von der Stadt. Sie ... mit der U-Bahn zum richtigen Stadtteil. Ohne Schwierigkeiten ... sie die Jugendherberge.

Zur Auswahl:
beschließen   ankommen   suchen   fragen
helfen   geben   fahren   finden

12. Ergänze!
The verbs below are in the correct order.

a. Ilse wohnt in Brokdorf. Vor drei Monaten ... sie .... Früher ... sie in Bremen. Dort ... sie sehr glücklich. Sie ... viele Freunde und ... oft mit ihnen aus.

umziehen   wohnen
sein   haben   gehen

b. Zum fünfzehnten Geburtstag ... Erich einen kleinen Computer. Dies ... er großartig. Er ... sich sehr darüber und ... viel Zeit damit. Fernsehen ... er nicht mehr, und er ... selten am Abend nach unten.

bekommen   finden   freuen
verbringen   wollen   kommen

Adjectival endings after the indefinite article

13. Setz passende Adjektive ein!

Als Frau Schweitzer in der Stadt war, kaufte sie einen ... Anorak und eine ... Hose. Sie suchte auch ein ... Geschenk für eine ... Freundin. Nach einem ... Einkaufsbummel fand sie in einem ... Geschäft ein ... Buch, das sehr preiswert war. Anschließend kaufte sie sich noch ein ... Handtuch und einen Pulli.

The definite article

14. **Ergänze mit der richtigen Form des bestimmten Artikels!**
Vorsicht! Dativ, Akkusativ oder Genitiv?
Contract where necessary (e.g. zu der = zur)

a. Karl-Heinz wohnt in Minderringen in der Nähe ... Schwarzwalds.

b. Das Haus liegt außerhalb ... Dorfs nicht weit von ... Park.

c. Jeden Morgen fährt er zu ... Fabrik, wo er arbeitet. Sie liegt in ... Freiburgerstraße.

d. Meistens fährt er mit ... Mofa dahin. Bei schlechtem Wetter fährt er lieber mit ... Straßenbahn.

e. Die Haltestelle befindet sich in der Nähe ... Kirche gegenüber ... Gaststätte.

f. Nach ... Arbeit geht er oft mit seinen Arbeitskollegen in ... Gaststätte.

g. Einmal in ... Woche gehen sie zusammen in ... Schwimmbad.

h. Das Schwimmbad ist in ... Stadt nicht weit von ... Jugendzentrum.

i. Nach ... Schwimmen gehen sie manchmal in ... Restaurant und manchmal in ... Jugendzentrum, wo sie sich mit ihren Freunden treffen.

Kapitel 2

ERSTER TEIL (Seite 31)

1. **Schreib Dialoge!**

Zum Beispiel:
Bohnen ✓

A: Magst du Bohnen?
B: Ja. Ich mag **sie** gern.

a. Spinat? ✗

b. Spiegeleier? ✓

c. Pommes Frites? ✗

d. Blumenkohl? ✓

e. Erdbeereis? ✗

f. Joghurt? ✗

g. Schweinefleisch? ✓

h. Schwarzbrot? ✓

i. Bohnensalat? ✗

j. Eintopf? ✓

2. **Ergänze mit mir, dir usw!**

a. „Hast du den Schinken schon probiert, Peter?"
„Ja."
„Schmeckt er ... gut?"

b. „Hast du den Fisch probiert, Martina?"
„Ja."
„Schmeckt er ... ?"
„Ja. Er schmeckt ... sehr gut."

c. „Haben deine Eltern das Schwarzbrot probiert?"
„Ja. Es hat ... aber nicht so gut geschmeckt."

d. „Hat Lionel die Suppe gekostet?"
„Ja. Sie schmeckt ... gut."

e. „Hat Chloe etwas von dem Kuchen gegessen?"
„Ja. Sie hat alles aufgegessen. Es scheint ... gut zu schmecken."

f. „Hat es ... geschmeckt, Frau Doktor?"
„Ja. Es hat ... geschmeckt."

g. „Wie hat ... der deutsche Kaffee geschmeckt, Susan?"
„Ganz gut, danke. Darf ich noch eine Tasse trinken?"

h. „Was habt ihr besonders gern gegessen, als ihr in Deutschland wart?"
„Also, ... haben die Brötchen am besten geschmeckt."

3. **Setz die richtige Zeitform des Reflexivverbs ein!**
The verbs below are in the correct order.

Ich ... ... sehr über Eure Einladung. Ich habe beschlossen, im Juli nach Deutschland zu fahren und werde Euch dann besuchen. Letzten Samstag bin ich sogar zum Reisebüro gegangen und ... ... nach den billigen Flügen .... Ich ... ... für einen Lufthansaflug ...: Flugnummer LH 720 nach Heathrow. Von dort aus kann ich mit der U-Bahn fahren, nicht wahr? Wo sollen wir ... ... ? Bei Euch? An der U-Bahnstation? Mein Bruder, Stefan, fliegt mit. Er ist jetzt ein Stück älter geworden. Hoffentlich ... wir ... diesmal besser!

Bald ... wir ... wieder.

Zur Auswahl:
sich freuen   sich erkundigen
sich entscheiden   sich treffen
sich verstehen   sich sehen

Wiederholung *Revision*

Das Perfekt

4. Schreib einen zusammenhängenden Text über Martins Reise!

Benutze bitte das Perfekt!

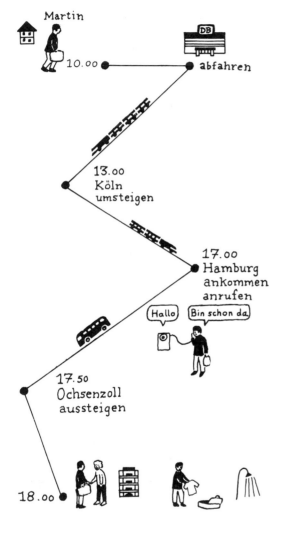

Mich / mir dich / dir

5. Mich oder mir?
Ergänze!

a. Er hat ... gesehen.
b. Sie hat ... gefragt.
c. Sie haben ... 50.- DM gegeben.
d. Kannst du ... anrufen?
e. Kannst du ... helfen?

6. Mich oder mir? Dich oder dir?
Ergänze!

a. Kannst du ... helfen? Ich brauche ein Bild für meinen Paß. Könntest du ... fotografieren?
b. Hoffentlich geht's ... morgen besser. Auf jeden Fall rufe ich ... an.
c. Habe ich ... schon gefragt, ob du ... morgen helfen kannst?
d. Morgen wenn ich ... sehe, gebe ich ... das Geld.

Kapitel 3 (Seite 50)

1. Was würden diese Leute sagen?

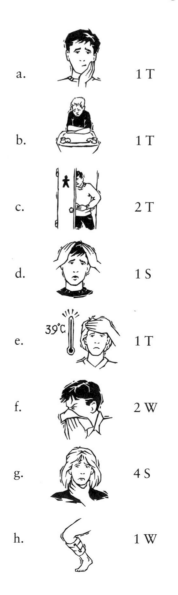

a. 1 T

b. 1 T

c. 2 T

d. 1 S

e. 1 T

f. 2 W

g. 4 S

h. 1 W

2. Wie ist es passiert?

Zum Beispiel:

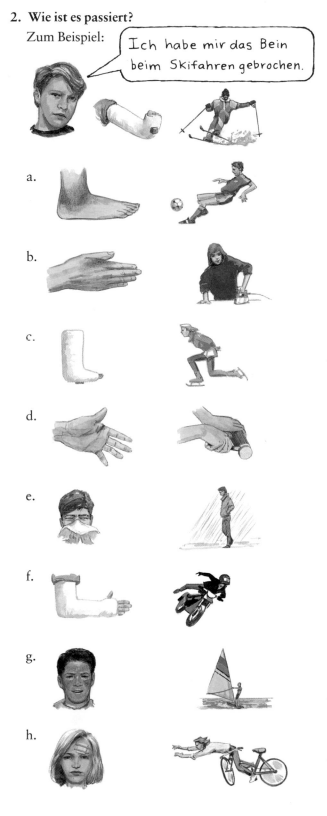

Ich habe mir das Bein beim Skifahren gebrochen.

a.

b.

c.

d.

e.

f.

g.

h.

3. Ergänze mit mir / dir / Ihnen / uns usw.

a. „Ist ... warm?"
„Nein. Mir ist kalt."

b. „Was hat dir der Arzt gesagt?"
„Nicht viel. Er hat ... eine Salbe verschrieben."

c. „Wie ist es mit Sylvia? Wie geht es ... heute?"
„Besser. Der Arzt hat ... etwas gegen die Schmerzen gegeben."

d. Franz hat sich das Fußgelenk verrenkt. Kannst du es ... verbinden?

e. „Hat man ... Antibiotika schon verschrieben, Frau Becker?"
„Ja. Ich nehme sie schon seit vier Tagen."

f. „Kann man ... irgendwie helfen, Frau Glauben?"
„Danke. Das ist nett von .... Ich komme schon alleine klar."

g. Schickt ihr ... die Prospekte, wenn ihr damit fertig seid? Wir würden uns freuen.

h. Hast du etwas dagegen, wenn ich mit ... zusammen zum Arzt fahre?

4. *When you and your parents were in Germany, you were involved in a minor car accident. A German friend was in the car with you and helped you write up the report for the police. Can you translate it into English for your parents?*

Abends um 18.00 Uhr ist der Unfall passiert. Wir standen an der Kreuzung Waldstraße / Moltkestraße und wollten rechts in die Waldstraße einbiegen. Die Ampel war grün, und wir sind langsam losgefahren. Plötzlich ist ein Mofa von links gekommen und ist mit uns zusammengestoßen. Wir haben sofort angehalten. Der Mofafahrer ist vom Mofa gefallen, schien aber unverletzt zu sein. Er hat uns gesagt, daß er an dem Unfall Schuld war, weil er bei Rot über die Ampel gefahren war. Als er uns gesehen hat, hat er gebremst, ist aber ins Schleudern geraten, weil die Straße glitschig war. Die Polizei ist gekommen und hat mit uns gesprochen. Ein Zeuge hat auch gesagt, daß der Mofafahrer daran Schuld war. Den Mofafahrer hat man vorsichtshalber zur Untersuchung ins Krankenhaus gebracht.

Wiederholung   *Revision*

Adjectival endings

5. Wie heißt es auf Deutsch?

a. Every day
b. Every week

c. *Every year*
d. *Every Monday*
e. *Every month*

6. *Add adjectives to the following texts to make them more interesting. You can choose from the list of adjectives in the box and / or use your own ideas.*

a. Markus wohnt in einem Dorf, das an einem See liegt. Er hat einen Hund. Er besitzt einen Mercedes, hat aber auch ein Rad, und manchmal am Wochenende macht er eine Fahrradtour mit einer Freundin.

Zur Auswahl:
klein   groß   schön   modern
    alt   gut   herrlich

b. Ulrike wohnt in einer Stadt in der Nähe eines Parks. Sie hat eine Wohnung in einem Wohnblock und wohnt im achten Stock. Sie hat eine Stelle bei der Firma Gründig. An Werktagen trägt sie eine Jacke und ein Kleid, aber am Wochenende trägt sie lieber einen Pullover und eine Jeans.

Zur Auswahl:
hoch   schön   blau   rosa
  grau   alt   interessant
    gemütlich   groß

Wann oder wenn?

7. **Ergänze!**
   a. . . . fängt der Film an?
   b. Weißt du, . . . die Ferien beginnen?
   c. . . . es regnet, hol die Wäsche bitte 'rein!
   d. . . . er uns besuchen kommt, bringt er hoffentlich einen guten Wein mit!
   e. . . . hast du morgen Zeit?

Imperfekt

8. **Setz ins Imperfekt!**
   a.

   Wilhelm (fahren) in die Stadt, wo er sich einen Taschenrechner kaufen (wollen). Zuerst (gehen) er zum Kaufhof, wo er nichts finden (können). Gegenüber vom Kaufhof (geben) es ein Geschäft, wo er genau das (finden), was er (suchen).

b.

Als Karin in der Stadt (sein), (verlieren) sie ihr Portemonnaie. Erst als sie im Bus zahlen (wollen), (merken) sie, daß ihr Portemonnaie (fehlen). Sie (steigen) sofort aus dem Bus aus und (laufen) zum Café zurück, wo sie mit ihrem Freund zusammen Kaffee getrunken (haben). Die Kellnerin (haben) das Portemonnaie nicht gefunden. Also (gehen) sie zum Fundbüro und (melden) den Verlust.

Kapitel 4

ERSTER TEIL (Seite 70)

1. **Schreib drei Postkarten an deutschsprachige Freunde bzw. Freundinnen!**

Choose one item out of each column.

Schweiz
Spanien
Schottland
usw.

2. Beschreibe diese Zimmer!

Zum Beispiel:
Frau Schmidt hat ein Einzelzimmer mit . . . .

a. Frau Schmidt

b. Herr und Frau Röser

c. Herr Brandt

d. Herr und Frau Berger

ZWEITER TEIL (Seite 84)

3. *Read the following letters and note down in English the booking requirements of each group of people.*

a.

An das Verkehrsamt
Andernach am Rhein

Essen, den 8. Juni

Sehr geehrte Damen und Herren,

meine Frau und ich beabsichtigen,
im Juli Urlaub am Rhein zu machen.
Vielleicht können Sie uns helfen?
Wir suchen dort ein kleines
freundliches Hotel, das zentral
liegt, wo wir Vollpension zu einem
relativ niedrigen Preis bekommen
können.

Wir fahren mit meiner achtzig-
jährigen Mutter zusammen.
Wir werden also zwei Zimmer
brauchen: Ein Doppelzimmer und ein
Einzelzimmer. Wenn es im Hotel keinen
Aufzug gibt, sollen die Zimmer im
Erdgeschoß sein, weil meine Mutter
etwas gehbehindert ist und keine
Treppen steigen kann.

Wir möchten vom 7. bis zum 14. Juli
inklusiv bleiben. Wenn Sie uns ein
passendes Hotel empfehlen könnten,
wäre ich Ihnen sehr dankbar.

Mit bestem Gruß

Ihr Erwin Kürten

b.

An das Hotel Arosa in Hameln

Bottrop, den 3. August

Sehr geehrte Damen und Herren,

meine Freundin und ich haben die
Absicht, im nächsten Monat zwei
Nächte in Hameln zu verbringen, und
zwar vom 13. bis zum 15. September.
Haben Sie zu diesem Zeitpunkt
Zimmer frei? Wir brauchen zwei
Einzelzimmer mit Dusche oder Bad.
Meine Freundin ist blind und wird
natürlich mit ihrem Labradorhund
unterwegs sein. Ich nehme an, daß
Sie nichts dagegen haben werden,
wenn sie den Hund mit auf dem
Zimmer hat.

Können wir bei Ihnen Halbpension
bekommen? Was würde das kosten?

Ich freue mich auf eine baldige
Antwort.

Mit bestem Gruß
Ihre Regine Kaiser

DRITTER TEIL (Seite 96)

4. *You are trying to make arrangements with friends. Ask them what they would rather do.*

Zum Beispiel:
Monika – zu Hause bleiben / in die Stadt fahren?
Monika, würdest du lieber . . . ?

a. Heike und Günther – Paris / Mallorca Urlaub
   machen?
b. Uwe – einen Kassettenrekorder / eine
   Stereoanlage kaufen?
c. Cornelius und Petra – in die Pizzeria / ins China-
   Restaurant gehen?
d. Birgit – auf dem Lande / am Meer Ferien
   machen?
e. Irene – Jugendherberge / Hotel übernachten?

5. Was werden sie in den Sommerferien machen?

a. Heike ✈ ⟶ Mallorca.

b. Georg ⟶ auf dem Bauernhof arbeiten.

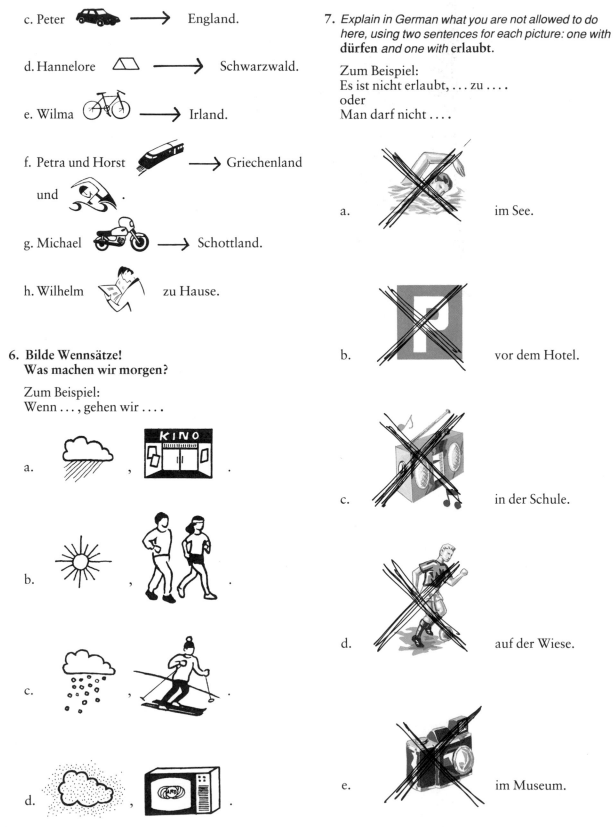

c. Peter   ⟶   England.

d. Hannelore ⟶ Schwarzwald.

e. Wilma ⟶ Irland.

f. Petra und Horst ⟶ Griechenland

    und   .

g. Michael ⟶ Schottland.

h. Wilhelm zu Hause.

6. Bilde Wennsätze!
Was machen wir morgen?

Zum Beispiel:
Wenn . . . , gehen wir . . . .

a.

b.

c.

d.

---

7. *Explain in German what you are not allowed to do here, using two sentences for each picture: one with* **dürfen** *and one with* **erlaubt.**

Zum Beispiel:
Es ist nicht erlaubt, . . . zu . . . .
oder
Man darf nicht . . . .

a.   im See.

b.   vor dem Hotel.

c.   in der Schule.

d.   auf der Wiese.

e.   im Museum.

VIERTER TEIL (Seite 110)

8. Schreib einen zusammenhängenden Text!

Tagesausflug nach Trier.
Was haben Frank und Christoph gemacht?

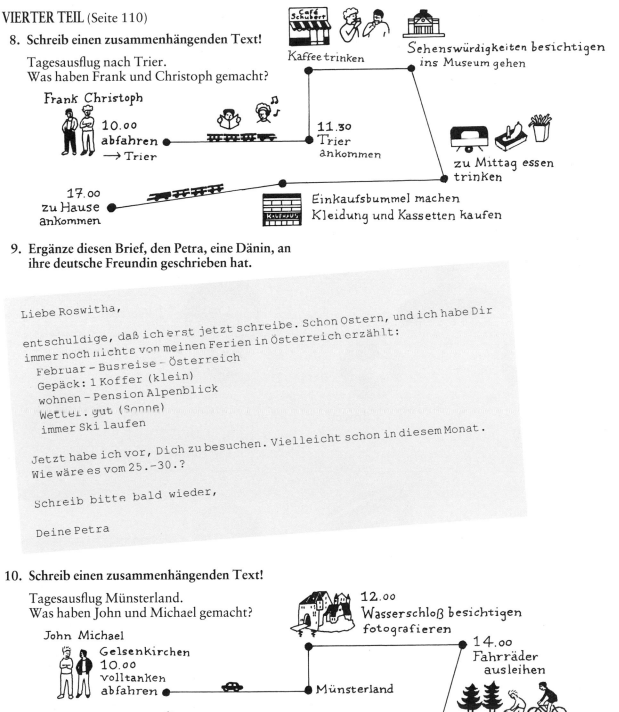

9. Ergänze diesen Brief, den Petra, eine Dänin, an ihre deutsche Freundin geschrieben hat.

Liebe Roswitha,

entschuldige, daß ich erst jetzt schreibe. Schon Ostern, und ich habe Dir
immer noch nichts von meinen Ferien in Österreich erzählt:
   Februar – Busreise – Österreich
   Gepäck: 1 Koffer (klein)
   wohnen – Pension Alpenblick
   Wetter: gut (Sonne)
   immer Ski laufen

Jetzt habe ich vor, Dich zu besuchen. Vielleicht schon in diesem Monat.
Wie wäre es vom 25.–30.?

Schreib bitte bald wieder,

Deine Petra

10. Schreib einen zusammenhängenden Text!

Tagesausflug Münsterland.
Was haben John und Michael gemacht?

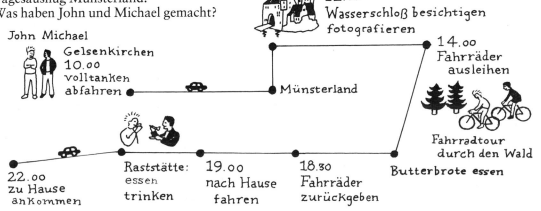

Wiederholung   *Revision*

Ihm / ihr

11. Schreib Sätze!

Zum Beispiel:
Sein Vater gab ihm ein Buch.

a.

Papa   Mama

Schwester   Bruder

b.

Freund   Vater

Großmutter   Mutter

Freundin

Wann? / Wo?

12. Wortstellung bei ‚wann‘ und ‚wo‘

a.   Wann fährt der Zug?

b.   Wo findet die Ausstellung statt?

c.   Wo kann man hier Gas kaufen?

d.   Wo muß man hier bezahlen?

e.   Wann kann man das Schloß besichtigen?

f.   Wo kann man hier eine Zeitung kaufen?

a.   Er will wissen, wann . . . .
b.   Er will wissen, wo . . . .
c.   . . . .
d.   . . . .
e.   . . . .
f.   . . . .

Dieser / dieses / diese

13. Ergänze folgende Sätze!
*Note: Remember the endings are the same as those
on* **der,** **die** *and* **das.**

Nominativ

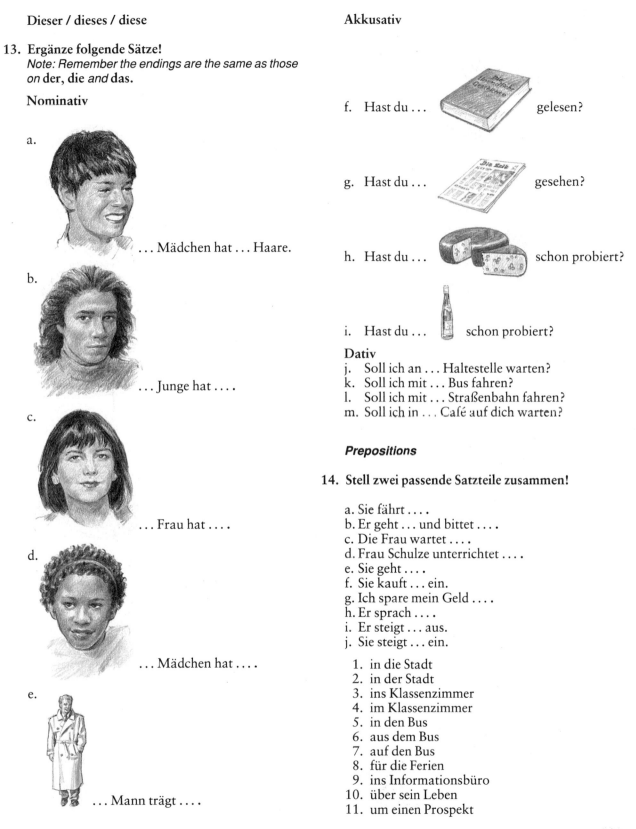

a.

... Mädchen hat ... Haare.

b.

... Junge hat ....

c.

... Frau hat ....

d.

... Mädchen hat ....

e.

... Mann trägt ....

Akkusativ

f. Hast du ... gelesen?

g. Hast du ... gesehen?

h. Hast du ... schon probiert?

i. Hast du ... schon probiert?

Dativ
j. Soll ich an ... Haltestelle warten?
k. Soll ich mit ... Bus fahren?
l. Soll ich mit ... Straßenbahn fahren?
m. Soll ich in ... Café auf dich warten?

Prepositions

14. Stell zwei passende Satzteile zusammen!

a. Sie fährt ....
b. Er geht ... und bittet ....
c. Die Frau wartet ....
d. Frau Schulze unterrichtet ....
e. Sie geht ....
f. Sie kauft ... ein.
g. Ich spare mein Geld ....
h. Er sprach ....
i. Er steigt ... aus.
j. Sie steigt ... ein.

1. in die Stadt
2. in der Stadt
3. ins Klassenzimmer
4. im Klassenzimmer
5. in den Bus
6. aus dem Bus
7. auf den Bus
8. für die Ferien
9. ins Informationsbüro
10. über sein Leben
11. um einen Prospekt

ERSTER TEIL (Seite 121)

1. Was haben diese Leute gekauft?

 a. Kirsten →

b. Martina →

c. Regine →

d. Bettina →

 e. Rolf →

f. Jens →

 g. Markus →

 h. Peter →

ZWEITER TEIL (Seite 128)

2. Schreib Sätze! Benutze ‚da' bei den Sätzen!

Zum Beispiel:

 **X** in die Werkstatt.

Da der Motor nicht funktioniert, muß ich in die Werkstatt.

a.  **X** zum Fahrradgeschäft.

b.  **X** zum Elektrogeschäft.

c.  **X** auf die Sparkasse.

d.  **X** auf die Post.

e.  **X** zum Supermarkt.

f.  **X**  **X**

g.  **X**

3. Setz die richtige Form des Relativpronomens ein!

Nominativ

a. Der Junge, . . . in der Küche arbeitet, heißt Jens.

b. Das Mädchen, . . . das Fahrrad repariert, heißt Eva.

c. Die Leute, . . . an der Bushaltestelle stehen, wollen in die Stadt fahren.

d. Die Frau, . . . Gitarre spielt, ist meine Musiklehrerin.

Akkusativ

e. Der Tisch, . . . ich abgewischt habe, ist jetzt schön sauber.

f. Das Zimmer, . . . wir saubergemacht haben, sieht sehr gut aus.

g. Das Essen, . . . ich gekocht habe, schmeckt gut.

h. Der Brief, . . . ich geschrieben habe, ist sehr lang.

i. Die Gläser, . . . ich abgetrocknet habe, sind im Schrank.

j. Der Mann, . . . wir gesehen haben, ist der Herbergsvater.

Dativ

k. Der Polizist, mit . . . ich gesprochen habe, war sehr hilfsbereit.

l. Die drei Schüler, mit . . . ich gesprochen habe, waren sehr freundlich.

m. Der Cornelius, mit . . . ich befreundet bin, studiert an der Uni.

n. Die Verwandten, bei . . . ich im Sommer gewohnt habe, kommen bald nach England.

o. Die Fete, auf . . . ich am Samstagabend war, war einfach klasse.

4. Sieh dir den Text auf Seite 132 an und beantworte folgende Fragen!

a. Wer in der Familie sprach kein Deutsch?

b. Was machte Frau Johnson, um Hilfe zu suchen?

c. Warum machte sie und nicht ihr Mann das?

d. Warum mußte sie Deutsch sprechen?

e. Warum konnten die Polizisten die Familie Johnson nicht finden?

5. Ergänze folgende Sätze! Benutze das Plusquamperfekt!

a. Er mußte nach Hause gehen, weil er sein (Heft vergessen).

b. Sie ging zum Fundbüro, weil sie (Fotoapparat verlieren).

c. Er ging zum Supermarkt, weil (Butter vergessen).

d. Er hat nicht gehalten, weil (Ampel nicht sehen).

e. Sie sind mit Verspätung angekommen, weil (zu langsam fahren★).

f. Sie kam pünktlich an, nur weil sie (laufen★).

DRITTER TEIL (Seite 136)

6. Sieh dir den Text auf Seite 136 an und beantworte folgende Fragen!

a. Warum ging Karl zum Bahnhof?

b. Was mußte er bezahlen?

c. Wann fuhr er?

d. Welche Klasse fuhr er?

e. Wollte er einen Platz in einem Raucherabteil reservieren?

f. Wo wollte er im Abteil sitzen?

7. Beschreibe diese Reise! Benutze das Imperfekt!

Die Fahrt nach Burghausen.

Benutze diese Verben!

> abfahren abholen ankommen anrufen
> einschlafen essen fahren kaufen
> lesen nehmen trinken warten

165

Wiederholung   *Revision*

Ob

8. Ergänze folgende Sätze!

> Heißt du Ulrike oder Anja?

a.   Sie will wissen, ob . . . .

> Ist das Geschäft auf?

b.   Er will wissen, ob . . . .

> Ist der Zug schon angekommen?

c.

> Wird es morgen regnen?

d.

> Hat Helmut angerufen?

e.

> Kommt er mit?

f.

Imperativ

9. *Think of as many ways as you can to express the following.*

a. Clear the table.
b. Telephone me.
c. Do the washing up.

d. Prepare a meal.
e. Fetch me a pan.
f. Meet me at the station.

Grammar Summary

Articles and Adjectives

The Definite Article

	Singular			Plural
	Masc.	Fem.	Neut.	
Nom.	der	die	das	die
Acc.	den	die	das	die
Gen.	des	der	des	der
Dat.	dem	der	dem	den

Note:
In the masculine and the neuter genitive singular an -s or -es is added to the noun:

(der Bahnhof) Der Eingang des Bahnhof**s** ist rechts.

(das Dorf) Mein Haus steht außerhalb des Dorf**es**.

*In the dative plural an -***n*** *is added to the noun if it does not already have one in the plural:*

(das Haus (¨er)) Hinter den Häuser**n** gibt es einen schönen Wald.

Demonstrative Adjectives

(dieser and jener, 'this' and 'that') and the Interrogative Adjective (welcher, 'which')

Jeder *(each) is also declined in the same way.*

Note:
The last letters of these words are the same as the endings of the definite article given above.

	Singular			Plural
	Masc.	Fem.	Neut.	
Nom.	dieser	diese	dieses	diese
Acc.	diesen	diese	dieses	diese
Gen.	dieses	dieser	dieses	dieser
Dat.	diesem	dieser	diesem	diesen

Note:
In the masculine and neuter genitive singular an -s or -es is added to the noun.

*In the dative plural an -***n*** *is added to the noun if it does not already have one in the plural.*

The Indefinite Article

	Masc.	Fem.	Neut.
Nom.	ein	eine	ein
Acc.	einen	eine	ein
Gen.	eines	einer	eines
Dat.	einem	einer	einem

Note:
In the masculine and neuter genitive an -s or -es is added to the noun.

The Negative Article

	Masc.	Fem.	Neut.	Plural
Nom.	kein	keine	kein	keine
Acc.	keinen	keine	kein	keine
Gen.	keines	keiner	keines	keiner
Dat.	keinem	keiner	keinem	keinen

Note:
In the masculine and neuter genitive an -s or -es is added to the noun.

*In the dative plural an -***n*** *is added to the noun, if it does not already have one in the plural.*

Possessive Adjectives

	Masc.	Singular Fem.	Neut.	Plural
Nom.	mein	meine	mein	meine
Acc.	meinen	meine	mein	meine
Gen.	meines	meiner	meines	meiner
Dat.	meinem	meiner	meinem	meinen

The following are also possessive adjectives:

dein	*your (familiar)*
sein	*his*
ihr	*her*
unser	*our*
euer	*your (plural familiar)*
Ihr	*your (polite)*
ihr	*their*

kein *is declined in the same way.*

Note:
euer drops its second -e when it has an ending.
Habt ihr eure Hefte?

In the masculine and neuter genitive singular an -s or -es is added to the noun.

In the dative plural an -n is added to the noun if it does not already have one in the plural.

Adjectival Endings

Adjectives with the definite article

Singular
Masc.

Nom.	der junge Mann
Acc.	den jungen Mann
Gen.	des jungen Mannes
Dat.	dem jungen Mann

Fem.

Nom.	die junge Frau
Acc.	die junge Frau
Gen.	der jungen Frau
Dat.	der jungen Frau

Neut.

Nom.	das junge Kind
Acc.	das junge Kind
Gen.	des jungen Kindes
Dat.	dem jungen Kind

Plural

Nom.	die jungen Leute
Acc.	die jungen Leute
Gen.	der jungen Leute
Dat.	den jungen Leuten

Note:
Adjectives are declined in the same way with
dieser, jener, jeder *and* **welcher.**

Adjectives with the indefinite article, with the possessive adjectives mein, dein, etc. and with kein

Singular
Masc.

Nom.	ein junger Mann
Acc.	einen jungen Mann
Gen.	eines jungen Mannes
Dat.	einem jungen Mann

Fem.

Nom.	eine junge Frau
Acc.	eine junge Frau
Gen.	einer jungen Frau
Dat.	einer jungen Frau

Neut.

Nom.	ein junges Kind
Acc.	ein junges Kind
Gen.	eines jungen Kindes
Dat.	einem jungen Kind

Plural

Nom.	keine jungen Leute
Acc.	keine jungen Leute
Gen.	keiner jungen Leute
Dat.	keinen jungen Leuten

Adjectives without an article

Singular
Masc.

Nom.	neuer Wein
Acc.	neuen Wein
Gen.	neuen Weins
Dat.	neuem Wein

Fem.

Nom.	frische Milch
Acc.	frische Milch
Gen.	frischer Milch
Dat.	frischer Milch

Neut.

Nom.	warmes Wasser
Acc.	warmes Wasser
Gen.	warmen Wassers
Dat.	warmem Wasser

Plural

Nom.	heiße Getränke
Acc.	heiße Getränke
Gen.	heißer Getränke
Dat.	heißen Getränken

The Comparative and Superlative Forms of Adjectives

Basic form	Comparative	Superlative
schnell	schneller	der / die / das schnellste
heiß	heißer	der / die / das heißeste

A number of adjectives of one syllable add an **Umlaut:**

alt	älter	der / die / das älteste
jung	jünger	der / die / das jüngste
klug	klüger	der / die / das klügste
kurz	kürzer	der / die / das kürzeste
lang	länger	der / die / das längste
scharf	schärfer	der / die / das schärfste
stark	stärker	der / die / das stärkste
warm	wärmer	der / die / das wärmste

Irregular forms:

groß	größer	der / die / das größte
gut	besser	der / die / das beste
hoch	höher	der / die / das höchste
nah	näher	der / die / das nächste

Note:

viele Leute	*many people*
mehr Leute	*more people*
die meisten Leute	*most people*

The use of the comparative:
Sie ist jünger als er. = Sie ist nicht so alt wie er.

Comparative adjectives take the same endings as normal adjectives:
Der jüngere Bruder heißt Richard.
Am heißesten Tag des Sommers hat man die Schulen zugemacht.

Place Names as Adjectives

Place names used as adjectives begin with a capital letter, end in **-er** *and are never declined:*
Die **Saarbrücker** Zeitung.
Die **Londoner** U-Bahn ist sehr gut.

Adverbs

Almost all adjectives can also be used as adverbs. When used as adverbs, however, they do not decline.

Adjective	Adverb
Vom Gipfel hatten sie eine **schöne** Aussicht.	Maria singt sehr **schön**.

Comparison of Adverbs

a.

Basic form	Comparative	Superlative
früh	früher	am frühesten
spät	später	am spätesten

b. *A number of adverbs of one syllable take an* **Umlaut** *in their comparative and superlative forms.*

c. *The superlative adverb is formed by putting* **am** *in front of the stem of the superlative form of the adjective.*

d. *Irregular forms:*

gern	lieber	am liebsten
gut	besser	am besten
viel	mehr	am meisten

169

The Interrogative Adverb

wo?	*where?*
wohin?	*where to?*
woher?	*where from?*

Zum Beispiel:

„Wo ist das Buch?" „Es liegt auf dem Tisch."
„Wohin fährst du?" „Nach Stuttgart."
„Woher kommst du?" „Aus Australien."

Some other common adverbs

(un)glücklicherweise	*(un)luckily*
normalerweise	*normally*
teilweise	*partly*
lange	*for a long time*
vormittags (usw.)	*in the morning(s)*

Nouns and Pronouns

Weak Nouns

Some masculine nouns are declined (they change their ending): these are called 'weak nouns'.

	Singular	
Nom.	der Junge	ein Junge
Acc.	den Jungen	einen Jungen
Gen.	des Jungen	eines Jungen
Dat.	dem Jungen	einem Jungen
	Plural	
Nom.	die Jungen	
Acc.	die Jungen	
Gen.	der Jungen	
Dat.	den Jungen	

Here are some other weak nouns:
der Direktor (-en, -en)
der Drache (-n, -n)
der Herr (-n, -en)
der Kollege (-n, -n)
der Komplize (-n, -n)
der Kunde (-n, -n)
der Mensch (-en, -en)
der Student (-en, -en)
der Tourist (-en, -en)

Note:
When you address an envelope you put **Herr** *in the accusative:*
an Herrn K. Braun

Adjectival Nouns

Some nouns behave like adjectives and change their ending depending on what they follow: these are called 'adjectival nouns'.

	Singular	
	Masc.	
Nom.	der Verwandte	ein Verwandter
Acc.	den Verwandten	einen Verwandten
Gen.	des Verwandten	eines Verwandten
Dat.	dem Verwandten	einem Verwandten
	Fem.	
Nom.	die Verwandte	eine Verwandte
Acc.	die Verwandte	eine Verwandte
Gen.	der Verwandten	einer Verwandten
Dat.	der Verwandten	einer Verwandten
	Plural	
Nom.	die Verwandten	
Acc.	die Verwandten	
Gen.	der Verwandten	
Dat.	den Verwandten	

Here are some other adjectival nouns:

der Bekannte	die Bekannte
der Deutsche	die Deutsche
der Erwachsene	die Erwachsene
der Fremde	die Fremde
der Reisende	die Reisende

Note this exception:
der Beamte *is an adjectival noun, but* **die Beamtin** *is not.*

Nouns Formed from Verbs

Nouns formed from verbs are always neuter:
spülen   *to wash up*
das Spülen   *washing up*

The Relative Pronoun

	Masc.	Singular Fem.	Neut.	Plural
Nom.	der	die	das	die
Acc.	den	die	das	die
Gen.	dessen	deren	dessen	deren
Dat.	dem	der	dem	denen

Zum Beispiel:

Nom. Masc.	Der Mann, der hier wohnte, hieß Klaus Scherer.
Acc. Fem.	Die Frau, die du dort siehst, ist meine Mutter.
Gen. Neut.	Das Kind, dessen Adresse du suchst, wohnt in der Mohnstraße.
Dat. Plural	Die Leute, bei denen ich wohne, heißen Bauer.

(See page 134 for more information on this point.)

The Interrogative Pronoun

	People	Things
Nom.	wer	was
Acc.	wen	was
Gen.	wessen	
Dat.	wem	

Zum Beispiel:

People

Nom.	„Wer wohnt in der Hochstraße?" „Gudrun."
Acc.	„Wen hast du gefragt?" „Erich."
Gen.	„Wessen Heft ist das?" „Karls."
Dat.	„Mit wem bist du befreundet?" „Mit Eva."

Things

Nom.	„Was ist braun, hat vier Beine und einen Schwanz?" „Ein Hund?"
Acc.	„Was hat sie denn gesagt?" „Nichts."

The dative is formed in another way, by using a preposition:
Wovon spricht er?
Womit schreibst du?
Woraus besteht es?

(See page 18 for more information on this point.)

Personal Pronouns

Nom.	Acc.	Dat.
ich	mich	mir
du	dich	dir
er	ihn	ihm
sie	sie	ihr
es	es	ihm
wir	uns	uns
ihr	euch	euch
Sie	Sie	Ihnen
sie	sie	ihnen

Zum Beispiel:

Nom.	Er ist im Badezimmer. Sie arbeiten im Garten.
Acc.	„Wo ist der Film?" „Gudrun hat ihn." Wie habt ihr das Spiel gefunden? Ich habe euch dort gesehen.
Dat.	Da ist Frank. Kannst du ihm sein Heft geben? Kann ich Ihnen helfen?

Note:
See also the section below on word order (pages 173–174).

Reflexive Pronouns

Nom.	Acc.	Dat.
ich	mich	mir
du	dich	dir
er	sich	sich
sie	sich	sich
es	sich	sich
wir	uns	uns
ihr	euch	euch
Sie	sich	sich
sie	sich	sich

These pronouns are used with reflexive verbs and when someone says that they are doing something for themselves (for example: „Ich habe **mir** ein Buch gekauft." *'I've bought myself a book.'). The accusative pronouns are used with reflexive verbs.*

Zum Beispiel:

With reflexive verbs:
Ich wasche mich und ziehe mich an.
Möchtest du dich duschen?
Sie befinden sich in der Schublade.

Doing something for oneself:
Ich habe mir ein neues T-Shirt gekauft.

Referring to oneself:
Er sah die Leute vor sich vorbeihasten.
Sie zog den Hund hinter sich hier.

Hurting oneself:
Ich habe **mir** den Arm verletzt.
However, when a preposition precedes a noun, the accusative reflexive pronoun is used:
Ich habe **mich** am Kopf verletzt.
Ich habe **mich** in die Hand geschnitten.

(See page 41 for more information on this point.)

Prepositions

Cases after Prepositions

Some prepositions are always followed by a certain case:

Accusative	Genitive	Dative
bis	(an)statt	aus
durch	außerhalb	außer
entlang	innerhalb	bei
für	trotz	dank
gegen	während	gegenüber
ohne	wegen	mit
um		nach
wider		seit
		von
		zu

Zum Beispiel:

Accusative	Er fuhr **durch die Stadt.** Sie kam **ohne ihren Mantel.**
Genitive	Sie wohnen **außerhalb des Dorfes.** **Trotz des hohen Preises** hat er den Wagen gekauft.
Dative	Sie wohnt **bei uns** in der Stadt. **Vom 10.** bis **zum 30. März.**

Some prepositions are followed by either the accusative or the dative. They are followed by the accusative when there is some idea of motion or movement and by the dative when there is some idea of rest or stability.

Accusative or dative

an	in	unter
auf	neben	vor
hinter	über	zwischen

Zum Beispiel:

Accusative	Gestern sind wir **in die Stadt** gefahren. Möchtest du mit **ins Kino?** Stell es **hinter das Sofa,** bitte.
Dative	Sie stand **auf dem Bahnsteig** und wartete. Die Haltestelle ist **auf der anderen Straßenseite** vor dem Rathaus. **An der Wand** hatte sie zwei neue Poster.

Verbs that Take a Preposition

an

denken an + *acc.* *to think of*	Sie dachte an ihre Arbeit.
sich erinnern an + *acc.* *to remember*	Er erinnerte sich an seinen Großvater.
schicken an + *acc.* *to send to*	Er schickte einen Brief an den Herbergsvater.
schreiben an + *acc.* *to write to*	Sie schrieb an ihn.

auf

sich freuen auf + *acc.* *to look forward to*	Ich freue mich auf eine baldige Antwort.
warten auf + *acc.* *to wait for*	Sie stand an der Haltestelle und wartete auf den Bus.

aus

bestehen aus + *dat.* *to consist of*	Es besteht aus einem Stück Holz und drei Stücken Metall.

für

sich interessieren für + *acc.* *to be interested in*	Ich interessiere mich für den Sport.

über

sich freuen über + *acc.*
  to be pleased about

Ich freue mich sehr über diese Reise.

sprechen über + *acc.*
  to talk about, to discuss

Sie sprachen über das Spiel.

um

bitten um + *acc.*
  to ask for

Sie bat ihn um seine Telefonnummer.

vor

Angst haben vor + *dat.*
  to be afraid of

Ich habe Angst vor ihm.

Verbs that Take the Dative

antworten	Er antwortete **ihr** sofort.
befehlen	Der Polizist befahl **ihr** anzuhalten.
begegnen	Wir sind **ihm** im Einkaufszentrum begegnet.
danken	Ich danke **dir** recht herzlich.
dienen	Womit kann ich **Ihnen** dienen?
erlauben	Das hat **mir** meine Mutter erlaubt.
folgen	Wir folgten **dem Dieb**.
gefallen	Es gefällt **mir**.
gehören	Die Tasche gehört **ihr**.
gelingen	Es gelang **ihr**, den Direktor telefonisch zu erreichen.
glauben	Ich glaube es **dir**.
helfen	Hilf **mir**, meinen Koffer zu packen.
leid tun	Es tut **mir** leid, daß du krank bist.
sich nähern	Das Schiff näherte sich **dem Ufer**.
schmecken	Das Schnitzel schmeckt **mir** gut.
raten	„Wein auf Bier, das rat ich **dir**."
trauen	Ich trau **meinen Augen** nicht.

(See page 18 for more information on this point.)

Word Order

a. *The verb is put in the second place in a sentence after a word or a word group:*

- *in questions that do not start with a verb;*
  Wann fährst du nach England?
  Mit welchem Zug ist sie gefahren?
- *in simple sentences;*
  Unser Haus steht auf einer Höhe.
- *when a sentence does not begin with the subject of the verb.*
  Gestern habe ich mir einen Pulli gekauft.
  Auf jeden Fall treffen wir uns um drei Uhr.

b. *The verb is put at the end of the clause when the clause begins with one of the following words:*

als	daß	seitdem	was
bevor	nachdem	sowohl	weil
da	ob	während	wenn

Zum Beispiel:

Als er in die Stadt fuhr, fing es an zu regnen.
Es fing an zu regnen, **als** er in die Stadt fuhr.
Seitdem ich hier wohne, gehe ich oft zum Training.
Ich gehe oft zum Training, **seitdem** ich hier wohne.
Weil ich zu viel zu tun habe, kann ich nicht mitkommen.
Ich kann nicht mitkommen, **weil** ich zu viel zu tun habe.
Die Schüler, **die** im Klassenzimmer Nummer 8 sind, sollen kommen.

*The verb is also put at the end of the clause when the clause begins with one of the interrogative pronouns (**was**, **wie**, **wo**, **wohin**, **wer**) not used as a question.*

Zum Beispiel:

Er weiß nicht, **was** er machen soll.
Wir wissen noch nicht, **wohin** wir nächsten Sommer fahren;

*or when the clause begins with the relative pronoun (**der**, **die**, **das**, etc. See pages 134 and 171).*

c. *The following words do not affect the position of the verb in a clause or a sentence – the verb still goes in the second place after them:*

aber	denn	oder	sondern	und

Zum Beispiel:

Er wollte in die Ausstellung gehen, **aber** er hatte kein Geld.
Sie können hier bleiben, **oder** sie können nebenan warten.
Ich habe mir ein T-Shirt gekauft, **und** sie hat sich diese Kassetten gekauft.

d. *Past participles normally go at the end of a clause, as do infinitives, after the following: modal verbs,* **werden** *and* **um . . . zu**.

Zum Beispiel:

Gestern sind sie mit Freunden nach Ulm gefahren.
Ich muß mir unbedingt eine Fahrkarte besorgen.
Morgen wird es sicher regnen.
Um etwas zu essen zu bekommen, ging sie zur Wurstbude am Bahnhof.

e. *Time, Manner, Place*
In a sentence, an expression of Time (T) goes before an expression of Manner (M), which goes before an expression of Place (P).

Zum Beispiel:

Ich fahre jeden Tag mit dem Wagen in die Stadt. (TMP)
Er fährt nächste Woche nach Ulm. (TP)
Sie kommt morgen mit dem Zug an. (TM)
Er ist sehr langsam am Bahnhof vorbeigefahren. (MP)

f. *The position of pronouns and nouns in a sentence:*
- *Two pronouns*
  When an accusative and a dative pronoun occur together, the accusative pronoun is put first.

  Zum Beispiel:

  Gib es mir.
  Kannst du ihn ihr schicken?

- *A pronoun and a noun*
  When a pronoun and a noun occur together, the pronoun is put first.

  Zum Beispiel:

  Sie hat mir ein sehr schönes Geschenk gegeben.
  Er gab es dem kleinen Kind.

- *Two nouns*
  When two nouns occur together, the dative noun is put before the accusative noun.
  Thomas gab dem Kind das Buch.

(See pages 35 and 134 for more information on these points.)

Fractions

To make fractions in German:

a. *add* **-tel** *to the numbers between two and twenty (note the important exception of* **eine Hälfte***):*

eine Hälfte	*a half*
ein Drittel	*a third*
ein Viertel	*a quarter*
ein Fünftel	*a fifth*
ein Sechstel	*a sixth*
ein Siebtel	*a seventh*
ein Achtel	*an eighth*
ein Neuntel	*a ninth*
ein Zehntel	*a tenth*

b. *add* **-stel** *to numbers after twenty:*

ein Zwanzigstel	*a twentieth*
ein Dreißigstel	*a thirtieth*
ein Hundertstel	*a hundredth*
ein Tausendstel	*a thousandth*

To say 'and a half', in German, add **einhalb** *to any number:*

zweieinhalb	*two and a half*
dreieinhalb	*three and a half*
zehneinhalb	*ten and a half*

but notice this important exception:
anderthalb *one and a half*

Measurement

der / das Meter
   Es ist drei Meter lang.
   Es ist 3 m lang.

der Kilometer
   Es liegt zehn Kilometer entfernt.
   Es liegt 10 km entfernt.

die Meile
   Es liegt sechs Meilen entfernt.

das Kilo / das Kilogramm
Es wiegt zehn Kilogramm / Kilo.
Es wiegt 10 kg.

der / das Liter
Das sind zwanzig Liter.
Das sind 20 l.

Kilometer pro Stunde
80 Kilometer pro Stunde
80 km / h (h = hora *hour, in Latin*)

Glas, Tasse, Flasche

ein Glas
Ich möchte ein Glas Apfelsaft, bitte.
Ich möchte zwei Glas Apfelsaft, bitte.

eine Tasse
Ich möchte eine Tasse Kaffee, bitte.
Ich möchte zwei Tassen Kaffee, bitte.

eine Flasche
Eine Flasche Wein, bitte.
Zwei Flaschen Wein, bitte.

Dates

Heute is der 3. Januar.
Heute ist der dritte Januar.
Heute haben wir den dritten Januar.
Today is 3rd January.

Am 3. August fahren wir in Urlaub.
Am dritten August . . .
On 3rd August we go on holiday.

Im September wird es kälter.
It gets colder in September.

Im Jahre 1956 hat man die Kirche restauriert.
1956 hat man die Kirche restauriert.
The church was restored in 1956.

den 4. Mai
4th May (giving the date on a letter)

Other expressions of time

The following words are useful if you are describing a sequence of events:

zuerst ⎫
erst mal ⎭ *first*
dann *then*
danach ⎫
nachher ⎬ *after that*
anschließend ⎭
schließlich *finally*

If these words stand at the beginning of a clause, they invert the verb and its subject.

Zum Beispiel:
Dann haben wir Kaffee getrunken.
Nachher bin ich nach Hause gefahren.

(See page 61 for more information on this point.)

Verbs

The Tenses

In this book you have met the following tenses:

Present	Er geht.	*He goes.*
		He is going.
		He does go.
Perfect	Er ist gegangen.	*He has gone.*
		He went.
Pluperfect	Er war gegangen.	*He had gone.*
Imperfekt (Simple past tense)	Er ging.	*He went.*
Future	Er wird gehen.	*He will go.*
Conditional	Er würde gehen.	*He would go.*

*You have also met the **passive voice**, used when you wish to say something is done by someone or something.*

Mein Auto wurde von diesem Mechaniker repariert.
My car was repaired by this mechanic.

The Formation of the Tenses

The present tense

Weak verbs *add the following endings to their stem, which is created by removing the -en from the infinitive of the verb.*

Zum Beispiel:

machen *(infinitive)* **mach-** *(stem)*
ich mache   wir machen
du machst   ihr macht
er / sie / es macht   Sie machen
                           sie machen

Strong verbs *add the same endings to their stem, but they also have a vowel change in the second and third person singular.*

Zum Beispiel:

sprechen
ich spreche   wir sprechen
du sprichst   ihr sprecht
er / sie / es spricht   Sie sprechen
                           sie sprechen

Verbs whose stems end in a -d or a -t *have an -e before the endings in the second and third person singular and the second person (familiar) plural.*

Arbeiten *and* **finden** *are in this group.*

ich finde   wir finden
du findest   ihr findet
er / sie / es findet   Sie finden
                           sie finden

Most verbs which end in *-eln form their stem by removing the -n and then adding the normal endings except in the case of the first person singular.*

Sammeln *and* **segeln** *are in this group.*

ich segle   ich sammle
du segelst   du sammelst
er / sie / es segelt   er / sie / es sammelt

Note that **basteln** *is an exception to this rule, e.g.:* **ich bastele**, *etc.*

Reflexive verbs

Zum Beispiel:

ich wasche mich   wir waschen uns
du wäschst dich   ihr wascht euch
er / sie / es wäscht sich Sie waschen sich
                           sie waschen sich

(See page 41 for more information on this point.)

Separable verbs

These are so called because they have a separable prefix.

Zum Beispiel:

ankommen *(to arrive)*
Der Zug kommt um 9.00 Uhr an.

However, if the infinitive or the past participle of the separable verb is used, the verb remains one word.

Zum Beispiel:

Wir sind um 3.00 Uhr angekommen.
Wir dürfen nicht später als 4.00 Uhr ankommen.

Three common irregular verbs

sein
ich bin   wir sind
du bist   ihr seid
er / sie / es ist   Sie sind
                           sie sind

tun
ich tue   wir tun
du tust   ihr tut
er / sie / es tut   Sie tun
                           sie tun

wissen
ich weiß   wir wissen
du weißt   ihr wißt
er / sie / es weiß   Sie wissen
                           sie wissen

The perfect tense

This tense is made up of two parts: the auxiliary verb and the past participle. The auxiliary verb is either **haben** *or* **sein**.

Zum Beispiel:

Sie **hat** Fußball **gespielt**.
Er **ist** in die Stadt **gefahren**.

The past participle of weak verbs

Add **ge-** *to the front of the stem and* -(e)t *to the end.*

Zum Beispiel:

| spielen | spiel- | **gespielt** |
| arbeiten | arbeit- | **gearbeitet** |

The past participle of strong verbs

These past participles begin with **ge-** *and end in* **en***. There is a vowel change in the stem, which does not follow a set pattern and which has to be learnt. A list is provided at the end of this grammar section.*

Zum Beispiel:

gehen	**gegangen**
kommen	**gekommen**
singen	**gesungen**

The past participles of mixed verbs

These add **ge-** *and* -(e)t *to the stem but also change their vowel.*

Zum Beispiel:

| denken | **gedacht** |
| wissen | **gewußt** |

The past participle of verbs ending in -ieren.

These verbs do not add **ge-**.

Zum Beispiel:

| funktionieren | funktioniert |
| studieren | studiert |

The past participle of separable verbs

The separable prefix is added to the past participle.

Zum Beispiel:

| abfahren | **abgefahren** |
| unterbringen | **untergebracht** |

The past participle of inseparable verbs

These verbs do not add **ge-***, but otherwise behave as normal strong or weak verbs.*

Zum Beispiel:

besuchen	besucht
empfehlen	empfohlen
versuchen	versucht

Inseparable prefixes are:
be-, emp-, ent-, er-, ge-, miß-, ver-, wider-, zer-.

Which verbs take **sein** and which take **haben**?

All transitive verbs (that is, verbs which have an object) take **haben**.

Zum Beispiel:

Er hat einen Brief geschrieben.
Sie hat ihren Opa besucht.

Verbs of motion which are used transitively take **haben**.

Zum Beispiel:

Er hat den Wagen gefahren.
Sie hat die Vierhundertmeter gelaufen.

Intransitive verbs which show some movement or change of state take **sein**.

Zum Beispiel:

Er ist gefahren.
Sie ist älter geworden.
Es ist verschwunden.

Other verbs which are in neither of these categories will take **haben**.

Zum Beispiel:

Es hat geregnet.
Er hat beschlossen, nach Nürnberg zu fahren.

Note this exception to these general rules:
bleiben
Ich bin geblieben.

The simple past tense

Weak verbs *have the following endings added to their stem:*

machen   mach-
ich machte	wir machten
du machtest	ihr machtet
er / sie / es machte	Sie machten
	sie machten

Strong verbs *change the vowel in the stem and add the following endings:*

kommen   komm-   kam-
ich kam	wir kamen
du kamst	ihr kamt
er / sie / es kam	Sie kamen
	sie kamen

Mixed verbs *have a vowel change in the stem, as strong verbs do, but take the endings of weak verbs:*

Zum Beispiel:

denken   denk-   dach-
ich dachte	wir dachten
du dachtest	ihr dachtet
er / sie / es dachte	Sie dachten
	sie dachten

(See page 27 for more information on the use of this tense.)

The pluperfect tense

This tense is formed in the same way as the perfect tense except that the auxiliary verb is put in the simple past tense rather than the present.

Zum Beispiel:

a. ich hatte geschrieben
   du hattest geschrieben
   er / sie / es hatte geschrieben
   wir hatten geschrieben
   ihr hattet geschrieben
   Sie hatten geschrieben
   sie hatten geschrieben

b. ich war gegangen
   du warst gegangen
   er / sie / es war gegangen
   wir waren gegangen
   ihr wart gegangen
   Sie waren gegangen
   sie waren gegangen

(See page 134 for more information on this point.)

The future tense

This tense is formed by using the infinitive of the relevant verb with **werden** *as the auxiliary verb.*

Zum Beispiel:

ich werde schreiben	wir werden schreiben
du wirst schreiben	ihr werdet schreiben
er / sie / es wird schreiben	Sie werden schreiben
	sie werden schreiben

The conditional tense

This tense is formed by using the infinitive of the relevant verb with a past tense of **werden** *(the simple past subjunctive). It means the same as the English 'would', as in 'I would write, but I have no time.'*

ich würde schreiben
du würdest schreiben
er / sie / es würde schreiben
wir würden schreiben
ihr würdet schreiben
Sie würden schreiben
sie würden schreiben

The Passive Voice

Here are examples of the active and passive voices.

The active voice:
Der Mechaniker repariert den Motor.
Frau Braun kaufte das Haus.

The passive voice:
Der Motor wird von dem Mechaniker repariert.
Das Haus wurde von Frau Braun gekauft.
The passive is formed by using any tense of **werden** *as the auxiliary verb with the past participle of the relevant verb.*

The Imperative Form

In German there are three ways of giving orders or instructions:

a. **Singular familiar**

(**du** form)
This is formed by adding -e to the stem of the verb, although this is often dropped nowadays.

Zum Beispiel:
gehen	Geh(e) (weg)!
tragen	Trag(e) (deinen Namen ein)!
kommen	Komm (mit)!
beantworten	Beantworte (meine Frage)!

b. **Plural familiar**

(**ihr** form)
*This is formed by using the **ihr** form of the present tense without **ihr**.*

Zum Beispiel:
Geht!
Tragt!
Kommt!
Beantwortet!

c. **Polite form**

(**Sie** form)
*This is formed by inverting the **Sie** form of the present tense.*

Zum Beispiel:
Gehen Sie!
Tragen Sie!
Kommen Sie!
Beantworten Sie!

*If the vowel in the stem changes from e to ie or i, simply drop the ending from the **du** form. The other two forms are as above.*

geben	Gib (es mir)!	Gebt!	Geben Sie!
sehen	Sieh (Seite 8)!	Seht!	Sehen Sie!
nehmen	Nimm (etwas Brot)!	Nehmt!	Nehmen Sie!

(See page 18 for more information on this point.)

The Six Modal Verbs

dürfen	*to be allowed to (e.g., 'May I ...?')*
können	*to be able to*
mögen	*to like to (e.g., 'I like ...' 'I would like (to)...')*
müssen	*to have to (e.g., 'You must ...')*
sollen	*to ought to (e.g., 'You should ...')*
wollen	*to want to*

The present tense of modal verbs

ich darf	wir dürfen
du darfst	ihr dürft
er / sie / es darf	Sie dürfen
	sie dürfen

The first person singular and plural of the other modal verbs in the present tense are as follows:

ich kann	wir können
ich mag	wir mögen
ich muß	wir müssen
ich soll	wir sollen
ich will	wir wollen

The simple past tense of modal verbs

ich durfte	wir durften
du durftest	ihr durftet
er / sie / es durfte	Sie durften
	sie durften

The first person singular and plural of the other modal verbs in the simple past tense are as follows:

ich konnte	wir konnten
ich mochte	wir mochten
ich mußte	wir mußten
ich sollte	wir sollten
ich wollte	wir wollten

(See pages 24, 25, 27, 41 and 109 for more information on these verbs.)

Letter-Writing Conventions

The date and the address

In letters the date is written (in the accusative) at the top of the page next to the village or town where you live.

Zum Beispiel:
München, den 21. Juli
Hinte, den 16. März

You do not write out your full name and address. This is often still put on the back of the envelope but people are now encouraged to put the sender's name and address on the front of the envelope in the bottom left-hand corner.

How to address someone in a letter

a. **The familiar form**

Singular		Plural
Masculine	*Feminine*	
Lieber	Liebe	Liebe

Zum Beispiel:
Lieber Gundolf,
Liebe Anna,
Liebe Herbergseltern,

Note:
If you are writing to two people, you must repeat the word for 'Dear'.

Zum Beispiel:
Lieber Phillip, Liebe Kathryn,

*It is also possible to begin a letter quite informally with **Hallo!***

Zum Beispiel:
Hallo Conni!

b. **The formal form**

Singular		Plural
Masculine	*Feminine*	
Sehr geehrter	Sehr geehrte	Sehr geehrte

Zum Beispiel:
Sehr geehrter Herr Schütze,
Sehr geehrte Frau Uhmann,
Sehr geehrte Damen und Herren,

How to set the letter out

Your letter heading should look like this:

```
                    München, den 27. Juli

Liebe Hanne,

hoffentlich geht es Dir gut. Du hast ja lange
nichts von Dir hören lassen....
```

'You' and 'your' in letters

The words for 'you' and 'your' are written with initial capitals.

Familiar

Singular	Plural
Du	Ihr
Dein	Euer

Polite

Sie	Sie
Ihr	Ihr

How to sign off a letter

Informal
bis bald
bis zum nächsten Mal
schreib bald wieder
Tschüs
Deine Monika
Dein Hans-Peter

Formal or informal
a. *with* **von**
   viele Grüße von Deiner Monika
   mit herzlichem Gruß von Deinem Hans-Peter
     Kowertz
   mit herzlichen Grüßen von Deiner Ruth
b. *without* **von**
   viele Grüße
   Ihre Monika

   viele Grüße
   Ihr Hans-Peter

Formal
mit freundlichen Grüßen
Hochachtungsvoll

Strong and Mixed Verbs

Note:

*means the verb is conjugated with **sein** *in the perfect tense.*

(*) means that the verb can be conjugated with **haben** *or* **sein** *in the perfect tense. (See page 177 on the perfect tense.)*

In general, the simple forms of the verbs are given and not compounds.

To find the past participle of **aussehen**, *therefore, you should look up* **sehen**.

Infinitive	Third Person Singular Present	Third Person Singular Simple Past	Past Participle	English
abreißen	reißt ab	riß ab	abgerissen	*to tear down*
backen	bäckt	backte (buk)	gebacken	*to bake*
befehlen	befiehlt	befahl	befohlen	*to command*
beginnen	beginnt	begann	begonnen	*to begin*
beißen	beißt	biß	gebissen	*to bite*
biegen	biegt	bog	gebogen	*to bend*
bieten	bietet	bot	geboten	*to offer*
bitten	bittet	bat	gebeten	*to request*
* bleiben	bleibt	blieb	geblieben	*to stay*
brechen	bricht	brach	gebrochen	*to break*
bringen	bringt	brachte	gebracht	*to bring*
denken	denkt	dachte	gedacht	*to think*
dürfen	darf	durfte	gedurft	*to be allowed to*
empfehlen	empfiehlt	empfahl	empfohlen	*to recommend*
entscheiden	entscheidet	entschied	entschieden	*to decide*
essen	ißt	aß	gegessen	*to eat*
(*) fahren	fährt	fuhr	gefahren	*to travel*
* fallen	fällt	fiel	gefallen	*to fall*
fangen	fängt	fing	gefangen	*to catch*
finden	findet	fand	gefunden	*to find*
(*) fliegen	fliegt	flog	geflogen	*to fly*
* fließen	fließt	floß	geflossen	*to flow*
(*) frieren	friert	fror	gefroren	*to freeze*
geben	gibt	gab	gegeben	*to give*
gefallen	gefällt	gefiel	gefallen	*to please*
* gehen	geht	ging	gegangen	*to go*
* gelingen	gelingt	gelang	gelungen	*to succeed*
gelten	gilt	galt	gegolten	*to be worth*
genießen	genießt	genoß	genossen	*to enjoy*
* geraten	gerät	geriet	geraten	*to get into (difficulty, etc.)*
* geschehen	geschieht	geschah	geschehen	*to happen*
gewinnen	gewinnt	gewann	gewonnen	*to win*
gießen	gießt	goß	gegossen	*to pour*
haben	hat	hatte	gehabt	*to have*
halten	hält	hielt	gehalten	*to hold, to stop*
heißen	heißt	hieß	geheißen	*to be called*
helfen	hilft	half	geholfen	*to help*

Infinitive	Third Person Singular Present	Third Person Singular Simple Past	Past Participle	English
kennen	kennt	kannte	gekannt	*to know, to be acquainted with*
⋆ kommen	kommt	kam	gekommen	*to come*
können	kann	konnte	gekonnt	*to be able to*
⋆ kriechen	kriecht	kroch	gekrochen	*to crawl*
lassen	läßt	ließ	gelassen	*to leave*
(⋆) laufen	läuft	lief	gelaufen	*to run*
lesen	liest	las	gelesen	*to read*
liegen	liegt	lag	gelegen	*to lie, to be situated*
messen	mißt	maß	gemessen	*to measure*
mögen	mag	mochte	gemocht	*to like*
müssen	muß	mußte	gemußt	*to have to*
nehmen	nimmt	nahm	genommen	*to take*
nennen	nennt	nannte	genannt	*to name*
raten	rät	riet	geraten	*to advise*
(⋆) reiten	reitet	ritt	geritten	*to ride*
(⋆) rennen	rennt	rannte	gerannt	*to race, to run*
rufen	ruft	rief	gerufen	*to call*
scheinen	scheint	schien	geschienen	*to shine, to seem*
schießen	schießt	schoß	geschossen	*to shoot*
schlafen	schläft	schlief	geschlafen	*to sleep*
schlagen	schlägt	schlug	geschlagen	*to strike, to hit*
schließen	schließt	schloß	geschlossen	*to shut*
(⋆) schmelzen	schmilzt	schmolz	geschmolzen	*to melt*
schneiden	schneidet	schnitt	geschnitten	*to cut*
schreiben	schreibt	schrieb	geschrieben	*to write*
schreien	schreit	schrie	geschrieen	*to scream*
(⋆) schwimmen	schwimmt	schwamm	geschwommen	*to swim*
schwören	schwört	schwor	geschworen	*to swear*
sehen	sieht	sah	gesehen	*to see*
⋆ sein	ist	war	gewesen	*to be*
senden	sendet	sandte	gesandt	*to send*
singen	singt	sang	gesungen	*to sing*
⋆ sinken	sinkt	sank	gesunken	*to sink*
sitzen	sitzt	saß	gesessen	*to sit*
sprechen	spricht	sprach	gesprochen	*to speak*
(⋆) springen	springt	sprang	gesprungen	*to jump*
stechen	sticht	stach	gestochen	*to sting*
stehen	steht	stand	gestanden	*to stand*
stehlen	stiehlt	stahl	gestohlen	*to steal*
⋆ steigen	steigt	stieg	gestiegen	*to climb*
⋆ sterben	stirbt	starb	gestorben	*to die*
streichen	streicht	strich	gestrichen	*to paint*
tragen	trägt	trug	getragen	*to carry*
treffen	trifft	traf	getroffen	*to meet*
treiben	treibt	trieb	getrieben	*to drive, to go in for*
(⋆) treten	tritt	trat	getreten	*to step, to kick*

Infinitive	Third Person Singular Present	Third Person Singular Simple Past	Past Participle	English
trinken	trinkt	trank	getrunken	to drink
tun	tut	tat	getan	to do
vergessen	vergißt	vergaß	vergessen	to forget
verlieren	verliert	verlor	verloren	to lose
★ wachsen	wächst	wuchs	gewachsen	to grow
waschen	wäscht	wusch	gewaschen	to wash
★ werden	wird	wurde	geworden	to become
werfen	wirft	warf	geworfen	to throw
wiegen	wiegt	wog	gewogen	to weigh
wissen	weiß	wußte	gewußt	to know
wollen	will	wollte	gewollt	to wish, to want

Glossary

1. *The plurals of nouns are given in brackets, e.g.:*

Singular	*Plural*
der Abort (-e)	die Aborte
der Abstand (ᐨe)	die Abstände
der Absturz (ᐨe)	die Abstürze
das Abteil (-e)	die Abteile
die Abteilung (-en)	die Abteilungen

2. *Entries for verbs have been made as follows:*

    a. *a star before a verb indicates that it is conjugated with* **sein** *in the perfect tense; (★) indicates that it is conjugated with either* **haben** *or* **sein**;

    b. *underlined letters at the start of a verb indicate a separable prefix, e.g.:*
    unterkommen, *which would be conjugated as follows:*
    ich komme unter
    du kommst unter, *etc.;*

    c. *verbs followed by '(wk)' are weak verbs taking the standard endings in all tenses;*

    d. *strong and mixed verbs are followed by three letters (or groups of letters) in brackets, the first two of which denote the vowel change in the verb's stem in the present and simple past tense and the third of which denotes the past participle. For example, the (ei, i, i) that follows* **beißen** *indicates that the verb is conjugated in this way:*

    beißen – **beißt, biß, gebissen.**
    Verbs that change more than the vowel in their stem have the relevant change given in full, e.g.:
    denken (denkt, dachte, gedacht).

3. *The following abbreviations have been used:*

acc.	accusative
dat.	dative
gen.	genitive
m.	masculine / male
f.	feminine / female
n.	neuter
pl.	plural
fam.	familiar
sing.	singular
wk	weak

A

abbrechen (i, a, o)   *to break off*
abdanken *(wk)*   *to abdicate*
das Abenteuer (-)   *adventure*
der Abenteuerfilm (-e)   *adventure film*
die Abfälle *(pl.)*   *refuse, rubbish*
abgelegen   *distant, some way away*
abgesehen von + *dat.*   *apart from*
★abhauen *(wk)*   *to run off, to beat it*
abheben (e, o, o)   *to withdraw (money)*
das Abitur (-s, -e)   *school-leaving examination usually taken at the age of 18 or 19*
abmontieren *(wk)*   *to dismantle*
abnehmen (i, a, o)   *to lose weight*
der Abort (-e)   *lavatory*
abraten (ä, ie, a)   *to warn, to advise against*
abräumen *(wk)*   *to clear away*
abreißen (ei, i, i)   *to tear down, demolish*
sich abspielen *(wk)*   *to happen, to go on*
der Abstand (ᐨe)   *distance*
abstellen *(wk)*   *to put down, to set down*
der Abstellraum (ᐨe)   *store room*
der Absturz (ᐨe)   *(plane-) crash*
das Abteil (-e)   *train compartment*
die Abteilung (-en)   *department*
abtrocknen *(wk)*   *to do the drying up*
abwechslungsreich   *varied*
abwischen *(wk)*   *to wipe*
abzeichnen *(wk)*   *to copy (a plan or sketch)*
ADAC (Allgemeiner Deutscher Automobil Club)   *Motoring club (like the AA or RAC)*
das Adressenbuch (ᐨer)   *address book*
adressiert   *addressed*
der Agraringenieur (-e)   *agricultural engineer*
ähnlich   *similar*
die Ahnung (-en)   *foreboding, idea*
    keine Ahnung haben   *to have no idea*
die Aktion (-en)   *action, campaign group*
alleinstehend   *single, unmarried*
allererst   *(the) very first*
die Allergie (-n)   *allergy*
allergisch   *allergic*
allerlei   *all sorts of*
allgemein   *general*
    im allgemeinen   *in general*
allmählich   *gradually*
der Alptraum (ᐨe)   *nightmare*
als   *than; when (in the past)*

größer als   *bigger than*
als er jung war   *when he was young*
das Altersheim (-e)   *old people's home*
der Altersunterschied (-e)   *age difference*
die Ananas (-)   *pineapple*
anbieten (ie, o, o)   *to offer*
ändern *(wk)*   *to alter, change*
der Anfang (⁻e)   *beginning*
anfordern *(wk)*   *to demand, to request*
die Angabe (-n)   *information, data*
angesichts + *gen.*   *in view of*
angespannt   *tense, excited*
angezogen   *dressed*
Angst haben vor + *acc.*   *to be afraid of*
anhaben (a, a, a)   *to wear*
per Anhalter   *by hitch-hiking*
der Anhänger (-)   *trailer*
anhören *(wk)*   *to hear, to listen to*
★ankommen (o, a, o) auf + *acc.*   *to depend on, come*
   down to
   es kommt darauf an   *it all depends*
die Anlage (-n)   *installation, layout, grounds (e.g., a park)*
   (Stereoanlage)   *(stereo equipment)*
anlegen *(wk)*   *to lay out, to design (e.g., a park)*
das Anmeldeformular (e)   *application form*
die Anmeldung (-en)   *registration*
der Anorak (-s)   *anorak*
anprobieren *(wk)*   *to try on*
★anreisen *(wk)*   *to travel (there), to arrive*
der / die Anreisende (-n)   *person travelling (there),*
   person arriving
der Anschlag (⁻e)   *impact*
der Anschluß (⁻sse)   *connection*
ansonsten   *otherwise, besides, apart from this*
ansprechen (i, a, o)   *to speak to, to address*
★anspringen (i, a, u)   *to start (of a car)*
anstreichen (ei, i, i)   *to paint (woodwork, walls)*
anstrengend   *strenuous*
die Antibiotika *(pl.)*   *antibiotics*
der Antwortschein (-e)   *reply coupon*
★anwachsen (ä, u, a)   *to increase, to grow*
die Anzahl   *number*
die Anzahlung (-en)   *deposit*
die Anzeige (-n)   *advertisement (small announcement)*
anziehen (ie, zog, gezogen)   *to put on (clothes)*
sich anziehen (ie, zog, gezogen)   *to get dressed*
der Apfel (⁻)   *apple*
die Apfelsine (-n)   *orange*
arabisch   *arabic*
der Arbeiter (-)   *worker (m.)*
die Arbeiterin (-nen)   *worker (f.)*
die Arbeiterschaft   *workforce*
der Arbeitgeber (-)   *employer*
der Arbeitnehmer (-)   *employee*
die Arbeitsbedingungen *(pl.)*   *working conditions*
die Arbeitsgruppe (-n)   *school club, activity group*
die Arbeitslosigkeit   *unemployment*
der Arbeitsplatz (⁻e)   *place of work; job*
ärgern *(wk)*   *to annoy*
arm   *poor*
der Arm (-e)   *arm*

das Armband (⁻er)   *bracelet*
die Armbanduhr (-en)   *wrist watch*
die Armut *(no pl.)*   *poverty*
der Arzthelfer (-)   *medical assistant, doctor's secretary (m.)*
die Arzthelferin (-nen)   *medical assistant, doctor's*
   secretary (f.)
attraktiv   *attractive*
der Aufenthaltsraum (⁻e)   *recreation room, day room*
die Aufgabe (-n)   *task*
aufgelockert   *relaxed*
aufgeweckt   *bright, quick, sharp*
aufhängen *(wk)*   *to hang up (e.g., on the wall)*
die Aufheiterung (en)   *clear spell, brightening of the weather*
aufkleben *(wk)*   *to stick up (e.g., on the wall)*
sich auflösen *(wk)*   *to disintegrate, to break up*
aufmerksam   *attentive*
aufpassen *(wk)*   *to pay attention*
aufräumen *(wk)*   *to tidy up, to clear up*
sich aufregen *(wk)* über + *acc.*   *to get worked up about*
der Aufschnitt   *assorted cold meats*
★auftreten (i, a, e)   *to appear*
das Auge (-n)   *eye*
sich ausdrücken *(wk)*   *to express oneself*
die Ausfahrt (-en)   *exit (for cars)*
★ausfallen (a, ie, a)   *to fall through*
der Ausflug (⁻e)   *trip, outing*
ausgebucht   *booked up*
ausgestattet   *equipped*
ausgezeichnet   *excellent*
aushalten (ä, ie, a)   *to put up with, to stand, tolerate*
★auskommen (o, a, o) (mit jemandem)   *to get on with*
   someone
auslachen *(wk)*   *to laugh at*
das Ausland   *abroad*
   im Ausland sein   *to be abroad*
ausleihen *(wk)*   *to lend; to borrow*
ausmachen *(wk)*   *to switch off (lights, etc.); to arrange*
   (a meeting, etc.)
   es macht mir nichts aus   *I don't mind*
die Ausnahme (-n)   *exception*
ausnutzen *(wk)*   *to exploit*
ausreichen *(wk)*   *to be sufficient*
ausreichend   *adequate*
jemandem etwas ausrichten   *to give someone a message*
sich ausruhen *(wk)*   *to rest*
★ausrutschen   *to slip*
aussehen (ie, a, e) nach + *dat.*   *to look like*
außerdem   *besides*
außerhalb + *gen.*   *outside, beyond*
die Aussprache (-n)   *pronunciation*
ausstellen *(wk)*   *to exhibit; to fill in (form, etc.)*
aussuchen *(wk)*   *to search out*
der Austausch   *exchange*
austauschen *(wk)*   *to exchange*
der Austauschgast (⁻e)   *exchange partner*
austeilen *(wk)*   *to distribute*
austragen (ä, u, a)   *to deliver*
Australien   *Australia*
ausüben *(wk)*   *to practise, to perform, to exert*
   einen Beruf ausüben   *to do a job, practise a profession*
★ausweichen (ei, i, i)   *to avoid, swerve*

die Autobahn (-en)   *motorway*
das Autobahnkreuz (-e)   *motorway interchange*
die Autopanne (-n)   *car breakdown*
autoritär   *authoritarian*

B

babysitten *(wk)*   *to babysit*
backen (ä, backte *or* buk, gebacken)   *to bake*
der Bäcker (-)   *baker (m.)*
die Bäckerin (-nen)   *baker (f.)*
der Badeanzug (-̈e)   *swimming costume*
baden *(wk)*   *to bathe*
der Bahnsteig   *platform*
bald   *soon*
baldig   *early (as in 'an early reply'), rapid*
baldigst   *as soon as possible, without delay*
der Balkon (-s *or* -e)   *balcony*
Ball spielen   *to play ball*
die Banane (-n)   *banana*
die Bank (-̈e)   *bench*
der / die Bankangestellte (-n)   *bank clerk*
der Bastelraum   *workroom*
die Batterie (-n)   *battery*
die Bauarbeit (-en)   *building work*
bauen *(wk)*   *to build*
das Bauernhaus (-̈er)   *farmhouse*
der Bauernhof (-̈e)   *farm*
der Baum (-̈e)   *tree*
die Baumwolle   *cotton*
der Baustoff (-e)   *building materials*
der Bauunternehmer (-)   *building contractor*
beabsichtigen *(wk)*   *to intend*
beachten *(wk)*   *to heed, take notice of*
die Bedienung   *service*
befangen   *inhibited*
sich befinden (i, a, u)   *to be situated*
die Befragung   *survey, questioning*
mit … befreundet sein   *to be friends with …*
befriedigend   *satisfactory*
begeistert   *enthusiastic*
behandeln *(wk)*   *to treat (medically)*
die Behandlung (-en)   *medical treatment*
beharrlich   *obstinately*
beheizt   *heated*
behindern *(wk)*   *to hinder, to prevent*
die Behörde (-n)   *authority*
die Beilage (-n)   *side-dish*
beilegen *(wk)*   *to enclose (with a letter)*
das Bein (-e)   *leg*
beißen (ei, i, i)   *to bite*
der / die Bekannte (-n)   *acquaintance*
bekleidet   *dressed*
die Bekleidung   *clothing, clothes*
beladen (ä, u, a)   *to load*
belasten *(wk)*   *to burden*
der Beleg (-e)   *voucher, receipt*
beliefert   *provisioned*
bellen *(wk)*   *to bark*
bemalen *(wk)*   *to paint (something)*

bemerken *(wk)*   *to notice*
sich bemühen *(wk)*   *to take trouble, to make an effort*
benötigen *(wk)*   *to need*
benutzen   *to use, to make use of*
das Benzin   *petrol*
beobachten *(wk)*   *to watch*
bereits   *already*
bereuen *(wk)*   *to regret*
der Berg (-e)   *mountain*
der Bergarbeiter (-)   *coal miner (m.)*
die Bergarbeiterin (-nen)   *coal miner (f.)*
das Bergwerk (-e)   *mine*
der Bericht (-e)   *report (on an event, etc.)*
  einen Bericht erstatten   *to draw up a report*
der Beruf (-e)   *career, job, profession*
das Berufsbildungszentrum (-zentren) (BBZ)   *technical college*
berufstätig   *working*
berühren *(wk)*   *to touch*
bescheiden   *modest*
beschildert   *signposted*
beschließen (ie, o, o)   *to decide*
beschreiben (ei, ie, ie)   *to describe*
die Beschwerde (-n)   *complaint*
sich beschweren *(wk)*   *to complain*
der Besen (-)   *broom*
besitzen (i, a, e)   *to possess, to have, to own*
besorgen *(wk)*   *to see to, to take care of*
sich etwas besorgen *(wk)*   *to get something for oneself*
besprechen (i, a, o)   *to discuss*
die Besserung (-en)   *improvement*
bestätigen *(wk)*   *to confirm*
die Bestätigung (-en)   *confirmation*
das Besteck   *cutlery*
bestehen (e, a, a)   *to exist; to consist; to endure*
bestehen aus (e, a, a) + *dat.*   *to consist of*
Besuch abholen   *to meet visitors*
beten *(wk)*   *to pray, to ask*
betreffen (i, a, o)   *to affect, concern*
betreffs + *gen.*   *concerning*
betreiben (ei, ie, ie)   *to run, to operate*
betreten (i, a, e)   *to enter, to go into*
betreuen *(wk)*   *to look after*
bevorzugen *(wk)*   *to prefer*
bewölkt   *cloudy*
bewundern *(wk)*   *to admire*
die Beziehung (-en)   *relationship; connection*
die Bibliothek (-en)   *library*
der Bibliothekar (-e)   *librarian (m.)*
die Bibliothekarin (-nen)   *librarian (f.)*
das Bild (-er)   *picture*
bilden *(wk)*   *to form, to fashion, to shape*
billig(er)   *cheap(er)*
die Biologie   *biology*
das Biologielabor (-e *or* -s)   *biology laboratory*
das Biotop (-e)   *biotope*
die Birne (-n)   *pear*
bisher   *hitherto, up until now*
die Bitte (-n)   *request*
blasen (ä, ie, a)   *to blow*

blau *blue*
ins Blaue fahren *to go off into the blue, anywhere*
★bleiben (ei, ie, ie) *to stay, to remain*
bleich *pale*
bleifrei *unleaded*
der Blick (-e) *view; look, glance*
blinken *to indicate (in car)*
der Blinker (-) *indicator*
blöd *silly, stupid*
blond *blond*
die Blume (-n) *flower*
der Blumenkohl (-e) *cauliflower*
die Bluse (-n) *blouse*
der Boden (¨) *floor*
an Bord *on board*
braun *brown*
brav *good, well-behaved*
brechen (i, a, o) *to break*
breit *broad*
die Bremse (-n) *brake*
bremsen *(wk)* *to brake*
die Brieffreundschaft (-en) *penfriendship*
der Briefkasten (-) *letterbox*
die Brieftasche (-n) *wallet*
der Briefträger (-) *postman*
die Briefträgerin (-nen) *postwoman*
die Brille (-n) *glasses, spectacles*
der Brite (-n) *Briton (m.)*
die Britin (-nen) *Briton (f.)*
britisch *British*
die Brust (¨e) *breast, chest*
brüten *(wk)* *to brood*
das Bücherregal (-e) *bookshelf*
das Bügeleisen (-) *iron*
bügeln *(wk)* *to iron*
die Bundesstraße (-n) *road maintained by the central
    government (equivalent to an 'A' road in Britain)*
der Bungalow (-s) *bungalow*
bunt *colourful*
die Burg (-en) *castle*
der Bürger (-) *citizen (m.)*
die Bürgerin (-nen) *citizen (f.)*
die Bürgerinitiative (-n) *citizens' campaign*
der Bürgersteig *pavement*
der Busfahrer (-) *bus driver (m.)*
die Busfahrerin (-nen) *bus driver (f.)*
der Büstenhalter (-) (BH) *brassiere, bra*

C

der Campingbus (-se) *dormobile*
der Campingplatz (¨e) *campsite*
der Campingwagen (-) *dormobile*
die Chance (-n) *opportunity, chance*
die Charaktereigenschaft (-en) *character trait*
die Chemie *chemistry*
das Chemielabor (-e *or* -s) *chemistry laboratory*
chinesisch *Chinese*
die Chips *(pl.)* *crisps*
der Chor (¨e) *choir*

circa (ca.) *approximately (dates); see also* zirka
die City (-s) *city centre, town centre*
der Computer (-s) *computer*

D

da *there; as, because*
das Dach (¨er) *roof*
dafür, daß ... *considering that, given that*
damals *at that time*
der Dampf (¨e) *steam*
das Datum (Daten) *date*
auf die Dauer *in the long run*
dauern *(wk)* *to last*
die Decke (-n) *ceiling; blanket; tablecloth*
decken *(wk)* *to cover*
dekorieren *to decorate*
denken (denkt, dachte, gedacht) *to think*
das Denken (-) *thinking, reflection*
deprimierend *depressing*
deprimiert *depressed*
deshalb *for that reason*
dessen *whose*
deswegen *for that reason*
das heißt (d.h.) *that is (i.e.)*
die Diät (-en) *diet*
dick *fat*
dicke Bohnen *(pl.)* *broad beans*
der Diebstahl (¨e) *theft*
dienen *(wk)* *to serve*
die Digitaluhr (-en) *digital watch or clock*
direkt *direct, straight*
die Disco (-s) *disco*
der Dokumentarfilm (-e) *documentary film*
der Dolmetscher (-) *interpreter (m.)*
die Dolmetscherin (-nen) *interpreter (f.)*
doof *daft, silly*
doppelt *double*
das Doppelzimmer (-) *double room*
die Dose (-n) *tin*
dreckig *dirty, filthy*
das Dreifamilienhaus (¨er) *three-family house*
dringend *urgent*
zu dritt sein *to be three in number*
das Drittel *third*
der Druck (¨e) *pressure*
drücken *(wk)* *to press*
der Drucker (-) *printer*
dufte *great, fantastic*
duften *(wk)* *to smell*
dulden *(wk)* *to tolerate*
dunkel *dark*
dunkelbraun *dark brown*
durch + *acc.* *through*
durchbrechen (i, a, o) *to break through; to drive through*
durchführen *(wk)* *to carry out*
durchgeben (i, a, e) *to broadcast, to pass (a message) on
    (by radio, etc.)*
die Durchsage (-n) *station announcement*
der Durchschnitt (-) *average*

dürfen (darf, durfte, gedurft)   *to be allowed to*
   ich darf . . . rauchen   *I'm allowed to smoke*
   er durfte arbeiten   *he was allowed to work*
dynamisch   *dynamic*

E

egal   *equal, all one*
   das ist mir egal   *it's all the same to me*
ehrlich   *honest*
das Ei (-er)   *egg*
eifersüchtig auf + *acc.*   *jealous of*
eigen   *(one's) own*
das Eigentum *(no pl.)*   *possession, property*
der Eigentümer (-)   *owner*
die Eigentumswohnung (-en)   *a flat one owns*
die Eile   *hurry*
eilig   *hurried, in a hurry*
   es eilig haben   *to be in a hurry*
   er hat as eilig   *he's in a hurry*
der Eilzug (¨e)   *express train, fast train*
einbiegen (ie, o, o)   *to turn (off) (in car)*
der Einbruch (¨e)   *collapse (of a roof); burglary; onset (of bad weather)*
der Eindruck (¨e)   *impression*
das Einfamilienhaus (¨er)   *house built for one family*
der Einfluß (¨sse)   *influence*
der Eingang (¨e)   *entrance*
eingießen (ie, o, o)   *to pour in*
sich eingraben (ä, u, a)   *to bury yourself*
einheitlich   *uniform, whole, single*
einigermaßen   *just about, to some extent*
die Einkaufstüte (-n)   *shopping bag*
das Einkaufszentrum (-zentren)   *shopping centre*
einladen (ä, u, a)   *to invite*
einlösen *(wk)*   *to cash (a cheque)*
die Einrichtung (-en)   *furnishing, fitting out, equipping*
★einschlafen (ä, ie, a)   *to go to sleep*
★einstürzen *(wk)*   *to burst in*
der Eintopf (¨e)   *stew, hot-pot*
der Einwohner (-)   *inhabitant*
einzeln   *single, only*
das Einzelzimmer (-)   *single room*
einziehen (ie, o, o)   *to move in*
eiskalt   *ice cold*
das Eiweiß *(no pl.)*   *white of the egg; protein*
der Elektriker (-)   *electrician (m.)*
die Elektrikerin (-nen)   *electrician (f.)*
elektrisch   *electrical*
die Elektrizität   *electricity*
die Elektronik *(no pl.)*   *electronics*
der Elektro-Ofen (¨)   *furnace (in a steelworks)*
der Elektrotechniker (-)   *electrical engineer (m.)*
die Elektrotechnikerin (-nen)   *electrical engineer (f.)*
das Elend   *misery*
der Ell(en)bogen (-)   *elbow*
empfangen (ä, i, a)   *to receive*
empfehlen (ie, a, o)   *to recommend*
empfindlich   *sensitive*
das Ende   *end*

endlos   *endless*
eng   *narrow*
der Engel (-)   *angel*
der Engländer (-)   *Englishman*
die Engländerin (-nen)   *Englishwoman*
englisch   *English*
entfernt   *distant*
die Entfernung (-en)   *distance*
das Entgleisen (-)   *derailment*
entlang   *along*
die Entlassung (-en)   *dismissal*
entlegen   *distant*
sich entscheiden (ei, ie, ie)   *to decide*
entsetzlich   *horrible, disgusting*
sich entspannen *(wk)*   *to relax*
★entstehen (e, a, a)   *to arise, to come about, to develop*
entwickeln *(wk)*   *to develop*
die Entwicklung (-en)   *development*
sich erbrechen (i, a, o)   *to be sick, to vomit*
die Erbse (-n)   *pea*
die Erdbeere (-n)   *strawberry*
das Erdgeschoß (-sse)   *ground floor*
die Erdkunde   *geography*
sich ereignen *(wk)*   *to occur*
das Ereignis (-se)   *event*
erfassen *(wk)*   *to grasp, to catch, to drag along*
erfinden (i, a, u)   *to make up*
erfolgreich   *successful*
erforderlich   *required*
erfrischen *(wk)*   *to refresh*
das Ergebnis (-se)   *result, outcome*
erhalten (ä, ie, a)   *to receive (e.g., a letter)*
das Erhalten   *reception, receipt*
erholsam   *refreshing, relaxing*
das Erholungsgebiet (-e)   *recreational area or district*
sich erinnern *(wk)*   *to remember*
   sich erinnern an + *acc.*   *to remember (something or someone)*
die Erinnerung (-en)   *recollection, memory*
sich erkälten *(wk)*   *to catch a cold*
erkennen (e, erkannte, a)   *to recognise*
das Erkennungszeichen (-)   *identification sign*
erlauben *(wk)*   *to allow*
erleben *(wk)*   *to experience*
das Erlebnis (-se)   *experience*
erledigen *(wk)*   *to deal with something, to get something done*
erleichtern *(wk)*   *to make easy*
die Ermäßigung (-en)   *reduction*
sich ernähren *(wk)*   *to eat, nourish oneself*
die Ernährung   *eating habit, nourishment*
erneuern *(wk)*   *to renew*
etwas ernst nehmen   *to take something seriously*
eröffnen *(wk)*   *to open (e.g., a new building, exhibition)*
eröffnet   *opened*
der Ersatzzug (¨e)   *alternative train*
erschießen (ie, o, o)   *to shoot dead*
ersetzen *(wk)*   *to replace, reimburse*
erst   *first; not until; just*
erstatten *(wk)*   *to inform*
   einen Bericht erstatten   *to make a report*

erste Hilfe leisten *(wk)* *to give first aid*
ertönen *(wk)* *to sound, to ring out*
erwarten *(wk)* *to expect*
erwidern *(wk)* *to reply*
erwischen *(wk)* *to catch (e.g., a thief, bus, etc.)*
erzählen *(wk)* *to relate, to tell*
die Etage (-n) *storey, floor*
das Etagenbett (-en) *bunk beds*
eventuell *possible, possibly, perhaps*

F

die Fabrik (-en) *factory*
der Fabrikarbeiter (-) *factory worker (m.)*
die Fabrikarbeiterin (-nen) *factory worker (f.)*
das Fach (¨er) *school subject*
der Fachmann (-leute) *expert*
das Fachwerkhaus (¨er) *half-timbered house*
die Fahndung (-en) *search, hunt (i.e., a police hunt)*
die Fahrtrichtung (-en) *direction of travel*
fair *fair*
der Fall (¨e) *case (as in 'in that case')*
  auf jeden Fall *in any case*
die Falle (-n) *trap*
falls *in case*
falsch *wrong*
die Familienstruktur (-en) *family structure*
färben *(wk)* *to dye*
faulenzen *(wk)* *to do nothing, to lounge about*
das Faulenzen *lazing about*
der Federball *badminton*
fehlen *(wk)* *to be missing*
der Feierabend (-e) *end of the working day*
feiern *(wk)* *to celebrate*
das Fenster (-) *window*
der Fensterplatz (¨e) *window seat*
die Ferien *(pl.)* *holidays*
das Ferienhaus (¨er) *holiday house*
der Fernseher (-) *television*
die Fernsehsendung (-en) *television programme*
der Fernsehturm (¨e) *television tower*
das Fertighaus (¨er) *prefabricated house*
die Fessel (-n) *chains, fetters*
die Festnahme (-n) *capture, arrest*
feststehen (e, a, a) *to be certain; to have been settled*
die Fete (-n) *party*
das Fett (-e) *fat*
feucht *damp*
das Feuer (-) *fire*
das Fieber (-) *fever*
filtrieren *(wk)* *to filter*
der Finger (-) *finger*
die Firma (-en) *firm, company*
der Fisch (-e) *fish*
flach *flat*
fleißig *hard-working, industrious*
★fließen (ie, o, o) *to flow*
die Flimmerkiste (-n) *box (slang for television)*
flippern *(wk)* *to play pinball*
der Florist (-en, -en) *florist (m.)*

die Floristin (-nen) *florist (f.)*
der Flugzeugpilot (-en, -en) *airplane pilot (m.)*
die Flugzeugpilotin (-nen) *airplane pilot (f.)*
der Flur (-e) *entrance hall, passage way, hallway (of flats, etc.)*
die Folge (-n) *result, consequence*
folgen *(wk)* + dat. *to follow (someone, something)*
folgendermaßen *as follows, in the following way*
fördern *(wk)* *to promote, to foster; to extract (coal)*
die Formel (-n) *formula*
der Forscher (-) *researcher (m.)*
die Forscherin (-nen) *researcher (f.)*
das Forstamt (¨er) *forestry office*
der Fotoapparat (-e) *camera*
der Fotograf (-en, en) *photographer (m.)*
die Fotografin (-nen) *photographer (f.)*
der Frachter (-) *freighter, freight ship*
das Frachtschiff (-e) *freighter, freight ship*
die Fragerei *irritating questions*
französisch *French*
frei *free*
im Freien *in the open air*
das Freilichtmuseum (-museen) *open-air museum*
sich freimachen *(wk)* *to strip, to take one's clothes off (e.g., for a medical examination)*
die Freistunde (-n) *free lesson*
freiwillig *voluntary, voluntarily*
das Freizeitzentrum (-zentren) *leisure centre*
das Fremdenheim (-e) *guest house, boarding house*
die Fremdsprache (-n) *foreign language*
freundlich *friendly*
der Friede (-n, -n) *peace*
(★)frieren *to freeze, to be cold*
der Friseur (-e) *barber, hairdresser (m.)*
die Friseurin (-nen) *hairdresser (f.)*
der Friseursalon *hairdressing salon*
die Friseuse (-n) *hairdresser (f.)*
die Frisur (-en) *hairstyle*
die Friteuse *chip fryer*
froh *happy, glad, pleased*
fromm *pious*
der Frost (-e) *frost*
früher *earlier, previously*
die Frühschicht (-en) *early shift*
sich fühlen *(wk)* *to feel (ill, etc.)*
den Führerschein machen *(wk)* *to learn to drive*
die Führung *behaviour, leadership*
der Füller (-) *fountain pen*
funktionieren *(wk)* *to function*
fürchten *(wk)* *to fear*
der Fuß (¨e) *foot*
das Fußgelenk (-e) *ankle*

G

die Gabel (-n) *fork*
der Gabelstapler (-) *fork-lift truck*
der Gang (¨e) *gangway*
die Ganztagsschule (-n) *all-day school*
gar nicht *not at all*

die Gasflasche (-n)   *bottle of gas, gas canister*
der Gast (¨e)   *guest*
   zu Gast sein   *to be a guest*
das Gästezimmer (-)   *guestroom*
das Gasthaus (¨er)   *inn, small hotel*
der Gasthof (¨e)   *inn, small hotel*
der Gebäudekomplex (-e)   *group of buildings*
das Gebiet (-e)   *area, district*
geboren   *born*
   ich bin 1978 geboren   *I was born in 1978*
die Gebühr (-en)   *fee, charge*
der Geburtstag (-e)   *birthday*
die Geburtsurkunde (-n)   *birth certificate*
gedeihen (ei, ie, ie)   *to flourish*
die Geduld   *patience*
geduldig   *patient*
geeignet   *suited, suitable*
die Gefahr (-en)   *danger*
gefährdet   *endangered*
gefährlich   *dangerous*
der Gefallen (-)   *favour*
gefallen (ä, ie, a) + dat.   *to please*
   er / sie gefällt mir   *I like him / her*
   es gefällt mir gut   *I like it a lot*
das Geflügel   *poultry*
der Gegenstand (¨e)   *object*
das Gegenteil (-e)   *opposite*
gegenüber   *opposite*
das Gehalt (¨er)   *wages*
★gehen um + acc.   *to be a question of*
   es geht um . . .   *it's about*
die Geige (-n)   *violin, fiddle*
das Gelände (-)   *plot, terrain, area*
die Gelegenheit (-en)   *opportunity*
★gelingen (i, a, u)   *to succeed, to be successful*
   es gelang mir . . . zu . . .   *I succeeded in (doing something)*
gelten (i, a, o)   *to be of worth, to count*
gelten (i, a, o) für + acc.   *to apply equally to, to hold true for*
gemein   *horrid, mean*
die Gemeinde (-n)   *parish; municipality*
gemeinsam   *together; in common*
gemütlich   *pleasant, easy, cosy*
die Genehmigung (-en)   *permit, authorisation*
genießen (ie, o, o)   *to enjoy*
genügen (wk)   *to be enough*
gepflegt   *well-groomed*
★geraten (ä, ie, a)   *to get to, to end up (in)*
das Gericht (-e)   *dish*
gesamt   *total, combined*
das Geschäftszentrum (-zentren)   *business centre*
die Geschichte (-n)   *history, story*
geschieden   *divorced*
das Geschirr   *crockery*
das Geschirrspülbecken (-)   *washing-up basin*
das Geschirrtuch (¨er)   *drying up cloth*
das Geschlecht (-er)   *sex*
geschminkt   *made up*
geschmolzen   *melted (see* schmelzen*)*

die Geschwindigkeit (-en)   *speed*
die Gesellschaft (-en)   *society*
das Gesetz (-e)   *law*
das Gesicht (-er)   *face*
gestatten (wk)   *to permit*
das Gestell (-e)   *frame (of spectacles)*
gesund   *healthy*
die Gesundheit (no pl.)   *health*
das Getreide   *corn*
getrennt   *separated*
die Gewalt (-en)   *force*
die Gewerkschaft (-en)   *trade union*
das Gewicht (-e)   *weight*
das Gewitter (-)   *storm*
die Gewohnheit (-en)   *habit*
das Glas (¨er)   *glass*
glatt   *smooth*
glauben (wk)   *to believe, to think (have opinion)*
gleichaltrig   *of the same age*
gleichgesinnt   *like-minded*
das Glück   *luck*
Glück haben   *to be lucky*
glücklich   *happy*
das Gold   *gold*
golden   *golden*
das Gras (¨er)   *grass*
grau   *grey*
grausam   *cruel*
greifen (ei, i, i)   *to grasp, to seize*
griechisch   *Greek*
die Größe (-n)   *size*
   Welche Größe tragen Sie?   *What size are you?*
grün   *green*
der Grund (¨e)   *reason*
die Grundfläche (-n)   *plot*
das Grundstück (-e)   *piece or plot of land*
der Gruß (¨e)   *greeting*
gültig   *valid*
der Gürtel (-)   *belt*
das Gut (¨er)   *goods*
gut aussehend   *handsome, good-looking*
guter Laune   *in a good mood*
gut gelaunt   *amiable, pleasant, in a good mood*
gutmütig   *good natured*

H

das Haar (-e)   *hair*
das Hähnchen   *chicken*
die Halbpension   *half-board*
die Halbtagsschule (-n)   *half-day school*
die Hälfte (-n)   *half*
der Hals (¨e)   *neck*
die Halskette (-n)   *necklace*
halten (ä, ie, a) für + acc.   *to consider as*
das Hammelfleisch   *mutton*
die Hand (¨e)   *hand*
   alle Hände voll zu tun haben   *to have a lot to do, to have a lot on one's hands*
   von Hand   *by hand*

die Handarbeit   *needlework*
die Handelsschule (-n)   *commercial school*
das Handgelenk (-e)   *wrist*
der Handschuh (-e)   *glove*
die Handtasche (-n)   *handbag*
hassen *(wk)*   *to hate*
häßlich   *ugly*
zu Hause   *at home*
die Hausfrau (-en)   *housewife*
der Haushalt (-e)   *housekeeping, household*
die Haut (¨e)   *skin*
die Hebamme (-n)   *midwife*
die Hecke (-n)   *hedge*
das Heer (-e)   *army*
die Heimat (-)   *home, homeland*
heimatlos   *homeless*
das Heimatmuseum (-museen)   *museum of local culture and history*
die Heirat (-en)   *marriage*
die Heizung (-en)   *heating*
helfen (i, a, o) *+ dat.*   *to help*
hell   *bright, light in colour*
hellbraun   *light brown*
das Hemd (-en)   *shirt*
der Herbergsleiter (-)   *male youth hostel warden (in Switzerland)*
die Herbergsleiterin (-nen)   *female youth hostel warden (in Switzerland)*
der Herd (-e)   *stove (cooking)*
das Heu   *hay*
heulen *(wk)*   *to howl*
heutzutage   *nowadays*
hilfreich   *helpful*
hilfsbereit   *helpful, ready to help*
der Himmel (-)   *sky; heaven*
hinausschleppen *(wk)*   *to drag out*
der Hinweis (-e)   *instruction*
historisch   *historic*
hoch (höher, höchst)   *high (higher, highest)*
hochschätzen *(wk)*   *to think highly of*
der Höchstwert (-e)   *highest temperature*
der Hof (¨e)   *yard*
hoffen *(wk)*   *to hope*
die Hoffnung (-en)   *hope*
höflich   *polite*
die Höhe (-n)   *high point, rise in the ground*
holländisch   *Dutch*
das Holz (¨er)   *wood, timber*
das Holzdach (¨er)   *wooden roof*
das Horngestell (-e)   *horn rim (of spectacles)*
der Horrorfilm (-e)   *horror film*
die Hose (-n)   *pair of trousers*
das Hotelverzeichnis (-se)   *hotel list*
der Hubschrauber (-)   *helicopter*
die Hühnersuppe (-n)   *chicken soup*
der Hummer (-)   *lobster*
humorvoll   *humorous, amusing*
hungrig   *hungry*
der Hut (¨e)   *hat*

I

der Igel (-)   *hedgehog*
inbegriffen   *included (e.g., in the price)*
das Industriegebiet (-e)   *industrial area*
die Industrie- und Handelskammer   *Chamber of Industry and Commerce*
die Informatik   *computer science*
das Informationsmaterial   *informative material, information*
innerhalb *+ gen.*   *inside, within*
der Insasse (-n)   *occupant, passenger*
das Insekt (-en)   *insect*
insgesamt   *altogether*
das Interesse (-n)   *interest*
sich interessieren *(wk)* für *+ acc.*   *to take an interest in*
das Inventar (-e)   *inventory*
der Ire (-n)   *Irishman*
die Irin (-nen)   *Irishwoman*
isoliert   *cut off*
italienisch   *Italian*

J

die Jacke (-n)   *jacket*
jagen *(wk)*   *to hunt*
japanisch   *Japanese*
die Jeans *(pl.)*   *pair of jeans*
jedoch   *however*
je mehr … desto …   *the more … the more …*
jeweils   *each, every time; each; at any one time*
der Job (-s)   *job*
der Journalist   *journalist (m.)*
die Journalistin (-nen)   *journalist (f.)*

K

die Kaffeekanne (-n)   *coffee pot*
der Kaffeelöffel (-)   *teaspoon; teaspoonful*
der Kamerad (-en)   *comrade, friend (m.)*
die Kameradin (-nen)   *comrade, friend (f.)*
kämpfen *(wk)*   *to struggle, to fight*
die Kantine (-n)   *canteen, dining hall*
kaputt   *broken, bust*
kariert   *check (of material)*
die Karotte (-n)   *carrot*
die Kartoffel (-n)   *potato*
der Käse (-n)   *cheese*
die Kauffrau (-en)   *businesswoman*
der Kaufmann (-leute)   *businessman*
kaum   *hardly*
kehren *(wk)*   *to sweep*
der Keller (-)   *cellar*
kennenlernen *(wk)*   *to get to know, to become acquainted with*
die Kenntnis (-se)   *knowledge*
das Kennzeichen (-)   *distinguishing mark, sign, symbol*
kennzeichnen *(wk)*   *to characterise, to mark, to denote, to indicate*
der Kessel (-)   *kettle, cauldron, copper, boiler*
das Kilo (-s)   *kilo*
die Kiste (-n)   *box, crate*

die Klamotten *(pl.)* *old clothes*
klappern *(wk)* *to click, to clatter*
★klarkommen *to be able to cope, to manage*
die Klasse *(-n)* *class*
  erster Klasse *first class*
  zweiter Klasse *second class*
die Klassengemeinschaft *class community, group identity*
das Klassenzimmer *(-)* *classroom*
klauen *(wk)* *to pinch, filch*
kleben *(wk)* *to stick*
das Kleeblatt *(¨er)* *clover-leaf*
das Kleid *(-er)* *dress*
die Kleidung *clothing*
die Klinik *(-en)* *clinic*
das Kloster *(¨)* *abbey*
die Kneipe *(-n)* *café, bar*
das Knie *(-)* *knee*
der Knoblauch *garlic*
der Knopf *(¨e)* *button*
der Koch *(¨e)* *cook (m.)*
das Kochen *cookery, cooking*
der Kocher *(-)* *(little) stove*
die Köchin *(-nen)* *cook (f.)*
der Kochtopf *(¨e)* *(cooking) pot*
der Koffer *(-)* *suitcase*
der Kohl *(-e)* *cabbage*
das Kohlenhydrat *(-e)* *carbohydrate*
der Kohlkopf *(¨e)* *cabbage (head)*
der Kollege *(-n, -n)* *colleague (m.)*
die Kollegin *(-nen)* *colleague (f.)*
der Komfort *comfort*
der Komplize *(-n, -n)* *accomplice (m.)*
die Komplizin *(-nen)* *accomplice (f.)*
die Kondition *condition, shape*
der Konditor *pastry-cook (m.)*
die Konditorin *(-nen)* *pastry-cook (f.)*
konkurrenzfähig *able to compete*
kontrollieren *(wk)* *to check*
der Kopf *(¨e)* *head*
der Korb *(¨e)* *basket*
der Korkenzieher *(-)* *corkscrew*
der Körper *(-)* *body*
körperlich *physical (physically)*
die Kosten *(pl.)* *costs, expenses*
kostspielig *expensive*
Kost und Logis *board and lodging*
der Krach *row, quarrel*
  Krach bekommen *to get into trouble*
  Krach mit (jemandem) haben *to have a quarrel with (somebody)*
kräftig *powerful*
das Kraftrad *(¨er)* *moped, motorbike*
der Krankenpfleger *(-)* *male nurse*
die Krankenpflegerin *(-nen)* *female nurse*
der Krankenschein *(-e)* *voucher of medical treatment*
die Krankenschwester *(-n)* *female nurse*
die Krankheit *(-en)* *illness*
die Krawatte *(-n)* *tie*
der Krebs *cancer*
die Kreditkarte *(-n)* *credit card*

★kriechen *(ie, o, o)* *to creep*
der Krieg *(-e)* *war*
kriegen *(wk)* *to get, to obtain*
der Krimi *(-s)* *crime film*
die Kriminaldienststelle *(-n)* *criminal investigation office*
die Kröte *(-n)* *toad*
der Krug *(¨e)* *jug*
die Kuh *(¨e)* *cow*
der Kühlschrank *(¨e)* *refrigerator*
sich kümmern *(wk)* um + *acc.* *to concern oneself about*
der Kunde *(-n, -n)* *customer (m.)*
die Kundin *(-nen)* *customer (f.)*
die Kundschaft *customers*
die Kunst *(¨e)* *art*
der Kunststoff *(-e)* *plastic*
das Kurhaus *(¨er)* *tourist and information centre*
die Kurtaxe *(-n)* *tax levied by holiday resorts on visitors, tourism tax*
kurz *short*
die Küste *(-n)* *coast*

L

lächeln *(wk)* *to smile*
die Lage *(-n)* *situation, position*
das Lager *(-)* *store*
das Laken *(-)* *sheet (for bed)*
das Lammfleisch *lamb*
die Lampe *(-n)* *lamp*
auf dem Lande *in the country*
★landen *(wk)* *to land*
die Landesgemeinde *(-n)* *rural district council*
die Landschaft *(-en)* *landscape*
die Landstraße *(-n)* *main country road*
der Landwirtschaftsbeauftragte *(-n, -n)* *agricultural representative*
lang *long*
die Länge *(-n)* *length*
langweilig *boring*
der Lappen *(-)* *cloth*
der Lärm *(-e)* *noise*
lassen *(ä, ie, a)* *to leave*
lästig *burdensome*
der LKW, Lastkraftwagen *(-)* *lorry*
der Lastwagen *(-)* *lorry*
das Latein *Latin*
(★)laufen *(äu, ie, au)* *to run*
die Laune *(-n)* *mood*
launisch *moody*
laut *loud*
lauter *louder; sheer*
leben *(wk)* *to live, to exist*
das Leben *life*
  ums Leben kommen *to die*
lebendig *alive, living*
das Leder *(-)* *leather*
ledig *unmarried, single*
leer *empty*
legen *(wk)* *to lay*
lehren *(wk)* *to teach*

das Lehrerzimmer (-) *staffroom*
der Leib (-er) *body*
leicht *light, easy*
das Leichtfahrrad (̈-er) *sports bicycle*
leiden (ei, i, i) *to suffer*
   ich kann es nicht leiden *I can't stand it*
leiden können *to like*
das Leinen (-) *linen*
sich (etwas) leisten *(wk)* *to (be able to) afford something*
die Leistung (-en) *achievement, attainment*
das Licht (-er) *light*
am liebsten *most of all, best of all*
das Lied (-er) *song*
liefern *(wk)* *to deliver*
liegenlassen (ä, ie, a) *to lose*
lila *lilac (coloured)*
der / das Liter *litre*
das Lob *praise*
loben *(wk)* *to praise*
locker *loose, relaxed, free and easy*
lockig *wavy*
der Löffel (-) *spoon*
sich lohnen *to be worth it*
   es hat sich gelohnt *it was worth it*
sich lösen *(wk)* von + *dat.* *to break away from*
der Luftdruck *air pressure*
die Luftmatratze (-n) *air mattress, lilo*
lügen (ü, o, o) *to lie*
lustig *jolly, amusing*
das Lustspiel (-e) *comedy*

M

die Macht (̈-e) *power*
mächtig *powerful*
der Magen (-) *stomach*
die Magenverstimmung (-en) *upset stomach*
mähen *(wk)* *to mow*
mahnen *(wk)* *to warn*
malen *(wk)* *to paint*
mangelhaft *inadequate, faulty, defective, unsatisfactory*
mangelnd *lacking*
männlich *male*
der Mantel (̈-) *coat*
die Marine *navy*
die Maschine (-n) *machine, engine; airplane*
maschinenschreiben (ei, ie, ie) *to type*
mäßig *moderate*
die Mathematik (Mathe) *mathematics (maths)*
der Maurer (-) *bricklayer (m.)*
die Maurerin (-nen) *bricklayer (f.)*
der Mechaniker (-) *mechanic (m.)*
die Mechanikerin (-nen) *mechanic (f.)*
das Medienzentrum (-zentren) *resources centre*
das Mehl *flour*
mehrere *several*
meiden (ei, ie, ie) *to avoid*
die Meile (-n) *mile*
meinen *(wk)* *to think, to believe, to hold as an opinion*
die Meinung (-en) *opinion*

meist *most*
meistens *mostly*
das Meisterwerk (-e) *masterpiece*
melden *(wk)* *to report*
sich melden *(wk)* *to announce oneself, to answer (on the telephone); to get in touch; put one's hand up in class*
die Menge (-n) *crowd; a lot*
menschlich *human*
merken *(wk)* *to notice*
messen (i, a, e) *to measure*
das Messer (-) *knife*
das Metall (e) *metal*
der / das Meter (-) *metre*
mies *rotten, lousy*
die Miete (-n) *rent*
mieten *(wk)* *to rent, to let*
die Mietwohnung (-en) *rented flat*
das Mikroskop (-e) *microscope*
die Milch *milk*
mindestens *at least*
das Ministerium (-ien) *ministry*
der Ministerpräsident (-en, -en) *prime minister (m.)*
die Ministerpräsidentin (-nen) *prime minister (f.)*
mischen *(wk)* *to mix*
der Mißbrauch *misuse*
mithelfen (i, a, o) *to help, to join in and help*
die Mitte (-n) *middle*
mitteilen *(wk)* + *dat.* *to inform someone*
mittelalterlich *mediaeval*
mittelgroß *medium-sized*
die Möbel *(pl.)* *furniture*
das Möbelstück (-e) *piece of furniture*
die Modenschau (-en) *fashion show*
modern *modern*
modisch *fashionable*
mögen (a, o, o) *to like*
   ich mag *I like*
möglich *possible*
möglichst schnell *as quickly as possible*
der Mondschein *moonlight*
der Monteur *fitter, mechanic (m.)*
die Monteurin (-nen) *fitter, mechanic (f.)*
der Motor (-en) *(car) engine*
die Mücke (-n) *midge, mosquito*
die Mühe *trouble, effort*
der Mülleimer (-) *rubbish bin*
die Mülltonne (-n) *large waste bin*
der Mund (̈-er) *mouth*
die Musik *music*
der Musikraum (̈-e) *music room*
der Muskel (-n) *muscle*
die Mütze (-n) *cap*

N

nach + *dat.* *according to*
der Nachbar (-n) *neighbour (m.)*
das Nachbargleis (-e) *neighbouring track (on railway line)*
die Nachbarin (-nen) *neighbour (f.)*
nachdenken (e, a, a) *to reflect, think over*

nachgeben (i, a, e)   *to give way*
die Nachhilfe   *extra help with lessons, private tuition*
nachmittags   *in the afternoon*
die Nachricht (-en)   *news*
nachschauen *(wk)*   *to look at, to check*
nachsehen (ie, a, e)   *to look at, to check*
der Nachteil (-e)   *disadvantage*
der Nachtisch (-e)   *dessert*
der Nagel (¨)   *nail*
der Nahverkehrszug (¨e)   *local (stopping) train*
die Nase (-n)   *nose*
die Naturwissenschaft (-en)   *science*
nebenan   *next door*
der Neffe (-n)   *nephew*
nervös   *tense, highly strung*
das Nerzpelzchen (-)   *mink stole*
nett   *nice*
die Neugierde   *curiosity*
die Nichte (-n)   *niece*
der Nichtraucher (-)   *non-smoker (m.)*
das Nichtraucherabteil (-e)   *non-smoking compartment*
die Nichtraucherin (-nen)   *non-smoker (f.)*
der Niederschlag (¨e)   *rain, precipitation*
niederschlagsfrei   *dry (of weather), without rain*
niemand   *nobody*
der Nistkasten (¨)   *nesting box*
die Nixe (-n)   *water nymph, mermaid*
nördlich   *north of, northern*
norwegisch   *Norwegian*
der Notdienst (-e)   *emergency service*
die Note (-n)   *mark (for school work)*
der Notfall (¨e)   *emergency*
die Notrufsäule (-n)   *emergency telephone (e.g., on a motorway)*
notwendig   *necessary*
die Nuß (¨sse)   *nut*
nützen *(wk)*   *to be of use*
   es nützt nichts   *it's (of) no use*
nützlich   *useful*
nutzlos   *useless*

O

ob   *whether*
die Oberfläche (-n)   *surface*
der Oberlippenbart (-e)   *moustache*
die Oberstufe (-n)   *sixth form*
das Obst   *fruit*
der Obstbaum (¨e)   *fruit tree*
obwohl   *although*
offenbar   *obvious, clear*
die Offenheit   *openness*
das Ohr (-en)   *ear*
die Ohrenschmerzen (-)   *earache*
der Ohrring (-e)   *earring*
das Öl (-e)   *oil*
der Onkel (-)   *uncle*
operieren *(wk)*   *to operate on, to operate*
der Ort (-e)   *place (i.e., village, town)*
die Ortschaft (-en)   *village, town, place*

östlich   *east of, eastern*
oval   *oval*

P

die Palette (-n)   *spread, offering*
die Panne (-n)   *breakdown*
der Park (-s)   *park*
der Parkplatz (¨e)   *car park*
die Partnerschaft (-en)   *partnership*
die Party (-s)   *party*
der Passagier (-e)   *passenger*
passen *(wk)*   *to be appropriate, to fit*
   es paßt Ihnen gut   *it fits you well*
passend   *suitable, fitting*
★passieren *(wk)*   *to happen*
der Patient (-en, -en)   *patient (m.)*
die Patientin (-nen)   *patient (f.)*
die Pause (-n)   *pause; school break*
die Pension (-en)   *boarding house, guest house*
die Pensionierung (-en)   *retirement*
der PKW, Personenkraftwagen (-)   *car*
der Personenzug (¨e)   *passenger train*
der Pfahl (¨e)   *post, stake*
die Pfanne (-n)   *frying pan*
der Pfeffer (-)   *pepper*
der Pfeil (-e)   *arrow*
das Pferd (-e)   *horse*
die Pflanze (-n)   *plant*
pflanzen *(wk)*   *to plant*
das Pfund   *pound (sterling); pound (weight)*
die Phantomzeichnung (-en)   *identikit picture*
die Physik   *physics*
das Physiklabor (-e *or* -s)   *physics laboratory*
der Pilz (-e)   *mushroom*
die Pistole (-n)   *pistol*
der Plan (¨e)   *plan*
planmäßig   *according to plan*
der Platten (-)   *flat tyre, puncture*
der Platz (¨e)   *seat, place*
die Platzkarte (-n)   *seat reservation card*
der Plausch   *fun, chat*
die Polizei   *police*
der Polizeibeamte (-n, -n)   *police official (m.)*
die Polizeibeamtin (-nen)   *police official (f.)*
das Polizeirevier (-e)   *police station*
der Polizist (-en, -en)   *policeman*
die Polizistin (-nen)   *policewoman*
das Portemonnaie (-s)   *purse*
portugiesisch   *Portuguese*
das Poster (-)   *poster*
die Postleitzahl (-en)   *postcode*
praktisch   *practical, practically*
die Praxis (Praxen)   *doctor's practice*
in der Praxis   *in practice*
die Preislage (-n)   *price range*
die Preisliste (-n)   *price list*
der Privatbesitzer (-)   *private owner*
das Problem (-e)   *problem*
der Prospekt (-e)   *brochure*

prüfen (wk) to check
die Prüfung (-en) examination
der Pullover (-) pullover
das Pünktchen (-) dot, spot
pünktlich punctually
putzen (wk) to clean

Q

quälen (wk) to torture
der Quark curd cheese
Quatsch! Nonsense! Rubbish!
quatschen (wk) to chat, pass the time of day; to talk
　nonsense
quer across, at an angle

R

die Rache revenge
rächen (wk) to avenge
das Rad (¨er) wheel
der Radiergummi (-s) rubber
das Radio (-s) radio
der Rasen (-) lawn
der Rasierapparat (-e) electric razor
sich rasieren (wk) to shave
die Rasierklinge (-n) razor blade
rasiert shaven
die Raststätte (-n) service area
rauchen to smoke
das Raucherabteil (-e) smoking compartment
räumen (wk) to remove
die Rechtschreibung spelling
reden (wk) to talk
das Regal (-e) shelf
der Regenmantel (¨) raincoat
der Regenschirm (-e) umbrella
die Regierung (-en) government
das Reich (-e) empire
reichen (wk) to pass; to be enough
reif mature; ripe
der Reifen (-) tyre
die Reifenpanne (-n) puncture
das Reihenhaus (¨er) terrace house
das Reisen travelling
der Reisescheck (-s) traveller's cheque
der Reisewecker (-) travelling alarm clock
das Reiseziel (-e) destination
das Reisig (-) twigs, brushwood
(★)reiten (ei, i, i) to ride
der Reiter (-) rider
reizvoll charming
die Religion religion, religious studies
die Religionslehre religious studies
die Reservierung (-en) reservation
restaurieren (wk) to restore
retten (wk) to save, to rescue
der Rettungsdienst (-e) emergency service
das Rezept (-e) recipe
die Riesenrutschbahn giant slide

das Rindfleisch beef
der Ring (-e) ring
der Ritter (-) knight
der Rock (¨e) skirt
die Rolle (-n) roll
der Rollkragen (-) polo neck (sweater)
röntgen to X-ray
rosa pink
der Rosenkohl (-e) brussel sprout
der Rücken (-) back
die Rückkehr return
der Rucksack (¨e) rucksack
ruhig calm, quiet
rund round; approximately, roughly
russisch Russian

S

die Sache (-n) thing, matter
sagenhaft incredibly, amazing
die Salami salami
die Salatgurke (-n) cucumber
die Salbe (-n) ointment
das Salz (-e) salt
die Sandale (-n) sandal
die Sandburg (-en) sandcastle
sandsegeln (wk) to do sand yacht sailing
sanieren (wk) to renovate, to restore, to redevelop
　(a district, etc.)
saniert rebuilt, restored
der Sanitäter (-) ambulance man
saubermachen (wk) to clean
die Säule (-n) pillar
der Schacht (¨e) shaft
der Schädel (-) skull
schaffen to manage, to succeed
die Schafzucht sheep breeding
der Schal (-s or -e) shawl
die Schale (-n) bowl
der Schatten (-) shadow
der Schatz (¨e) treasure
schauen (wk) to look
der Scheck (-s) cheque
das Scheckheft (-e) cheque book
der Scheibenwischer (-) windscreen wiper
scheinen (ei, ie, ie) to shine; to appear, to seem
der Scheinwerfer (-) headlamp
die Schicht (-en) shift
die Schichtarbeit shift work
schick smart, elegant, chic
der Schiedsrichter (-) referee
schief crooked, at an angle
schief angeguckt looked at askance
★schiefgehen to go awry, to go wrong
schießen (ie, o, o) to shoot
schimpfen to swear, to curse
der Schinken (-) ham
die Schlacht (-en) battle
schlachten (wk) to slaughter
schlagen (ä, u, a) to hit, to strike

schlank   *slim*
schlapp   *worn out, limp, weak*
schlecht   *bad, unpleasant*
schlechter Laune   *in a bad mood*
schleppen *(wk)*   *to tow*
★schleudern *(wk)*   *to skid, to slide*
schleudern *(wk)*   *to fling, to hurl*
der Schlips (-e)   *tie*
das Schloß (¨sser)   *castle*
schlucken *(wk)*   *to swallow*
das Schlüsselbund (-e)   *key ring*
schmal   *narrow*
(★)schmelzen (i, o, o)   *to melt*
der Schmerz (-en)   *pain*
der Schmetterling (-e)   *butterfly*
schmutzig   *dirty*
schneiden (ei, i, i)   *to cut*
schnell   *quick, fast*
der Schnellzug (¨e)   *fast train*
der Schnitt (-e)   *cut*
das Schnitzel (-)   *veal or pork cutlet*
der Schnurrbart (¨e)   *moustache*
die Schöpfung (-en)   *creation*
der Schotte (-n, -n)   *Scotsman*
die Schottin (-nen)   *Scotswoman*
der Schrank (¨e)   *cupboard*
der Schraubenzieher (-)   *screwdriver*
der Schreck   *fright, shock*
schreibfreudig   *keen on writing*
die Schreibmaschine (-n)   *typewriter*
der Schreibtisch (-e)   *desk*
schriftlich   *in writing*
die Schublade (-n)   *drawer*
der Schuh (-e)   *shoe*
die Schuhcreme (-n)   *shoe polish*
die Schuld (-en)   *blame, debt*
   Schuld daran sein   *to be to blame*
schulfrei haben   *to have no school*
   ich habe am Montag schulfrei   *I don't have school on Monday*
der Schulhof (¨e)   *playground*
das Schullandheim (-e)   *country house used by school classes for short visits*
schützen *(wk)*   *to protect*
schwach   *weak*
die Schwägerin (-nen)   *sister-in-law*
schwarz   *black*
schwedisch   *Swedish*
der Schwefel   *sulphur*
das Schwein (-e)   *pig*
das Schweinefleisch   *pork*
die Schwierigkeit (-en)   *difficulty*
schwören (ö, o, o)   *to swear (an oath, etc.)*
Schwyzerdütsch   *Swiss German*
seekrank   *seasick*
der Seemann (-leute)   *seaman*
die Sehenswürdigkeit (-en)   *sight (of city, etc.)*
seitdem   *since*
die Seite (-n)   *side; page*
der Sekretär   *secretary (m.)*

das Sekretariat (-e)   *general office*
die Sekretärin (-nen)   *secretary (f.)*
selbst   *myself (yourself, himself, oneself, etc.); even*
die Selbstachtung   *self regard*
selbständig   *independent, independently, on your own*
die Selbstbeschreibung (-en)   *description of oneself*
selbstverständlich   *obvious, natural; of course*
selten   *seldom*
senden (e, sandte, gesendet *or* gesandt)   *to send*
das Seniorenheim (-e)   *old people's home*
die Serviette (-n)   *napkin, towel*
die Shorts *(pl.)*   *shorts*
die Siedlung (-en)   *residential area*
das Silber (-)   *silver*
★sinken (i, a, u)   *to sink*
sinnvoll sein   *to make sense*
★sitzenbleiben (ei, ie, ie)   *to stay down a year*
der Slip (-s)   *pants, knickers*
die Socke (-n)   *sock*
das Sofa (-s)   *sofa*
sofort   *at once, straightaway*
sogar   *even, actually*
sollen *(wk)*   *to have an obligation to do something (e.g., 'He should go.'); to be likely to (e.g., 'It's apparently going to rain.')*
   er / sie sollte   *he / she ought*
der Sommerkurs (-e)   *summer course*
sondern   *but*
der Sonnenbrand   *sunburn*
das Sonnenbrandöl (-e)   *suntan lotion*
die Sonnenbrille (-n)   *sun-glasses*
sonst   *otherwise*
sich Sorgen machen   *to worry, to get worried*
die Soße (-n)   *sauce*
die Sozialkunde   *community studies*
spanisch   *Spanish*
Spaß machen   *to be enjoyable, to please*
   es macht mir Spaß   *I like it, I enjoy it*
   es macht mir keinen Spaß   *I don't like it, I don't enjoy it*
die Spedition (-en)   *furniture removal company*
der Speicher (-)   *store (-house, -room), loft*
die Sperre (-n)   *barrier (i.e., at a railway station)*
sperren *(wk)*   *to block*
das Spiegelei (-er)   *fried egg*
der Spinat   *spinach*
der Spion (-e)   *spy*
sponsern *(wk)*   *to sponsor*
der Sport   *sport*
die Sportart (-en)   *(kind of) sport*
sportlich   *sporty*
das Sprachlabor (-e *or* -s)   *language laboratory*
das Sprudelgetränk (-e)   *fizzy drink*
spülen *(wk)*   *to wash up*
die Spülmaschine (-n)   *dish washer*
das Spülmittel (-)   *washing up liquid*
spüren *(wk)*   *to sense, to feel*
der Stadtbummel   *stroll in the town*
der Stadtkern (-e)   *town centre*
der Stadtrand (¨er)   *edge of town, outskirts*
   am Stadtrand   *on the edge of town*

der Stadtrat   *town council*
der Stadtteil (-e)   *district of a town*
  im nördlichen Stadtteil   *in the northern part of town*
der Stahlarbeiter (-)   *steelworker (m.)*
die Stahlarbeiterin (-nen)   *steelworker (f.)*
ständig   *continual*
der Standort (-e)   *point where you are standing, location*
stark   *strong; fantastic (fam.)*
⋆starten *(wk)*   *to start*
stattfinden (i, a, u)   *to take place*
der Stau (-s)   *traffic jam*
der Staubsauger (-)   *vacuum cleaner*
stechen (i, a, o)   *to sting*
stehen (e, a, a) + *dat.*   *to suit*
  es steht dir   *it suits you*
stehlen (ie, a, o)   *to steal*
die Stelle (-n)   *place, situation, spot; job*
stellen *(wk)*   *to put, to place in an upright or standing position*
das Stellenangebot (-e)   *job offer*
das Stellengesuch (-e)   *request for a job*
der Stellplatz (⁻e)   *tent or caravan site (for one tent or caravan)*
⋆sterben (i, a, o)   *to die*
die Stereoanlage (-n)   *stereo equipment*
stets   *always, continually*
das Steuer (-)   *steering wheel*
der Steward (-s)   *steward*
die Stewardeß (-ssen)   *stewardess*
der Stich (-e)   *sting*
der Stichpunkt (-e)   *note(s), note form*
der Stiefel (-)   *boot*
der Stiefvater (⁻)   *stepfather*
stillegen (still-legen) *(wk)*   *to close (of industry)*
der Stock (⁻e)   *storey, floor*
der Stockwerk (-e)   *storey, floor*
der Stoff (-e)   *cloth*
der Strand (⁻e)   *beach*
der Strandkorb (⁻e)   *large beach seat made of wicker*
der Strauch (⁻er)   *bush, shrub*
die Strecke (-n)   *a particular distance (e.g., between towns), stretch (of line)*
streichen (ei, i, i)   *to paint*
der Streifenwagen (-)   *police patrol car*
der Streit (-e)   *quarrel, fight*
streng   *strict*
der Streß (-sse)   *stress*
stricken *(wk)*   *to knit*
der Strom (⁻e)   *stream; current; electrical current*
die Stromleitung (-en)   *electric power cable*
die Stunde (-n)   *hour; lesson*
der Stundenplan (⁻e)   *timetable (school)*
der Sturm (⁻e)   *storm*
⋆stürzen *(wk)*   *to fall, to crash down; to dash*
die Suche (-n)   *search*
südlich   *south of, southern*
der Supermarkt (⁻e)   *supermarket*
die Süßigkeit (-en)   *sweet thing*
sympathisch   *nice, pleasant (of a person)*

T

der Tagesablauf   *day*
der Tageshöchstwert (-e)   *highest temperature of the day*
tagsüber   *during the day*
das Tal (⁻er)   *valley*
die Talsperre (-n)   *dam*
tanken *(wk)*   *to put petrol in the tank*
die Tankstelle (-n)   *petrol station*
der Tankwart (-e)   *petrol pump attendant*
die Tante (-n)   *aunt*
die Tapete (-n)   *wallpaper*
tapezieren *(wk)*   *to wallpaper*
das Taschenbuch (⁻er)   *paperback*
die Tasse (-n)   *cup*
der Täter (-)   *culprit*
tatsächlich   *in fact*
(⋆)tauchen *(wk)*   *to dive, to plunge, to dip*
der Taxifahrer (-)   *taxi driver (m.)*
die Taxifahrerin (-nen)   *taxi driver (f.)*
die Technik   *technical studies*
die Teekanne (-n)   *teapot*
der Teig   *dough*
die Teigwaren *(pl.)*   *pasta noodles, dough*
teilen *(wk)*   *to divide, to share*
teilnehmen (i, a, o) an + *dat.*   *to take part in*
teilweise   *partly, sometimes*
der Teller (-)   *plate*
die Temperatur (-en)   *temperature*
der Teppich (-e)   *carpet*
der Teppichboden (⁻)   *fitted carpet*
testen *(wk)*   *to test*
teuer   *dear, expensive*
tief   *deep*
die Tiefkühltruhe (-n)   *deep freeze*
der Tiefstwert (-e)   *lowest temperature*
der Tierarzt (⁻e)   *veterinary surgeon (m.)*
die Tierärztin (-nen)   *veterinary surgeon (f.)*
tippen *(wk)*   *to type*
die Tischdecke (-n)   *table cloth*
das Tischtuch (⁻er)   *table cloth*
tödlich   *deadly*
tödlich verunglückt   *fatally injured*
tolerant   *tolerant*
toll   *fantastic (fam.); mad*
die Tomate (-n)   *tomato*
der Topf (⁻e)   *saucepan*
das Tor (-e)   *gate, entrance; goal*
der Toreingang (⁻e)   *doorway, entrance to building*
tot   *dead*
töten *(wk)*   *to kill*
tragen (ä, u, a)   *to carry; to wear*
der Träger   *responsible body (for)*
der Trainingsanzug (⁻e)   *track-suit*
der Trainingsschuh (-e)   *training shoe*
träumen *(wk)*   *to dream*
traurig   *sad*
der Treibstoff   *fuel (for a car, plane, etc.)*
trennen *(wk)*   *to separate*
(⋆)treten (i, a, e)   *to tread*
das Trinkgeld (-er)   *tip*

tropfen *to drip*
der Tropfen (-) *drop, drip*
tröstlich *comforting*
trotz + *gen. in spite of*
trotzdem *nevertheless, all the same*
trüb *dull, gloomy*
der Tümpel (-) *pond*
tun (u, a, getan) *to do*
die Tür (-en) *door*
die Türkei *Turkey*
türmen *(wk) to pile up*
die Turnhalle (-n) *gymnasium, sports hall*
die Turnschuhe *(pl.) sports shoes*
typisch *typical*

U

der Überfall (-̈e) *attack*
überfallen (ä, ie, a) *to attack, to raid*
das Überfallsopfer (-) *victim of attack*
übergewichtig *overweight*
überlassen (ä, ie, a) *to leave*
übermorgen *the day after tomorrow*
übernehmen (i, a, o) *to take on; to take over*
überprüfen *(wk) to check*
überraschen *(wk) to surprise*
überreden *(wk) to convince, to persuade*
überrollen *(wk) to run over*
überstehen (e, a, a) *to survive*
überwältigen *(wk) to overpower*
überwiegend *mainly*
überwinden (i, a, u) *to overcome*
übrig *remaining, what is left over*
die Umfrage *survey*
die Umgebung (-en) *surroundings*
der Umkleideraum (-̈e) *changing room*
sich umschulen *(wk) to retrain*
die Umschulung *retraining*
umstürzen *(wk) to knock over*
die Umwelt *environment*
der Umweltschutz *protection of the environment*
★umziehen (ie, o, o) *to move (house)*
sich umziehen (ie, o, o) *to change one's clothes*
der Umzug *move, removal*
unabhängig *independent*
unausstehlich *unbearable*
unbedingt *absolutely*
unbegabt *ungifted, untalented*
unerträglich *unbearable*
unerwartet *unexpected*
der Unfall (-̈e) *accident*
unfreundlich *unfriendly*
ungebunden *unconstrained*
ungeduldig *impatient*
ungehalten *irritated, annoyed*
ungeheuer *tremendously*
ungeklärt *unexplained*
ungenügend *unsatisfactory*
ungezwungen *natural, unconstrained*
unhöflich *impolite, rude*

die Uniform (-en) *uniform*
unpraktisch *impractical*
unterbreiten *(wk) to submit*
die Unterführung (-en) *underpass*
der Untergang (-̈e) *sinking, decline, downfall*
sich unterhalten (ä, ie, a) *to converse, to talk to one another*
die Unterhose (-n) *pants*
★unterkommen (o, a, o) *to find accommodation*
die Unterkunft (-̈e) *accommodation*
unternehmungslustig *enterprising, adventurous, active*
der Unterricht *lessons, teaching*
untersagen *(wk) to forbid*
der Unterschied (-e) *difference*
unterschreiben (ei, ie, ie) *to sign*
untersetzt *stocky, thickset*
unterstützen *(wk) to support*
die Untersuchung (-en) *examination, investigation, experiment*
die Untertasse (-n) *saucer*
unter Umständen *possibly*
die Unterzuckerung *low blood sugar*
unverschämt *outrageous*
unvollständig *incomplete*
das Unwetter *bad weather*
unwichtig *unimportant*
unzufrieden *dissatisfied*
der Urlauber (-) *holidaymaker*
die Ursache (-n) *cause*
ursprünglich *original*

V

der Vegetarier (-) *vegetarian (m.)*
die Vegetarierin (-nen) *vegetarian (f.)*
das Ventil (-e) *valve*
sich verändern *(wk) to change*
verändert *altered, changed*
der Verband (-̈e) *association; bandage*
verbieten (ie, a, o) *to forbid*
verbinden (i, a, u) *to connect, to join*
die Verbindung (-en) *connection*
verbleit *leaded*
verbrauchen *(wk) to consume, to use (fuel)*
(sich) verbrennen (e, verbrannte, a) *to burn (oneself)*
verdecken *(wk) to hide, to conceal*
der Verein (-e) *society (in the sense of 'club')*
verfehlen *(wk) to miss*
verfolgen *(wk) to pursue*
die Verfolgung (-en) *pursuit*
zur Verfügung stehen *to be available*
★vergehen *to pass by, to pass away*
vergessen (i, a, e) *to forget*
der Vergleich (-e) *comparison*
vergleichen *(wk) to compare*
das Verhältnis (-se) *relationship*
verheiratet *married*
der Verkäufer (-) *shop assistant, sales person (m.)*
die Verkäuferin (-nen) *shop assistant, sales person (f.)*
der Verkehr *(no pl.) traffic*

verkehren *(wk)* (zwischen)   *to run or travel (between) (of buses, trains)*
der Verkehrsunfall (¨e)   *traffic accident*
die Verkehrsverbindung (-en)   *public transport provision*
verlangen *(wk)*   *to demand*
★verlaufen (äu, ie, au)   *to go off (as in 'it went off well')*
die Verlegenheit   *embarrassment*
(sich) verletzen *(wk)*   *to wound, to hurt (oneself)*
verletzt   *injured*
verlieren (ie, o, o)   *to lose*
das Verlies (-e)   *dungeon*
der Verlust (-e)   *loss*
　　einen Verlust melden *(wk)*   *to report a loss*
die Verlustanzeige (-n)   *'lost' notice*
vermeiden (ei, ie, ie)   *to avoid*
vermieten *(wk)*   *to let (property)*
vermissen *(wk)*   *to fail to find, to miss*
vermuten *(wk)*   *to presume, to guess*
(sich) vernachlässigen *(wk)*   *to neglect (oneself)*
die Vernehmung (-en)   *questioning, interrogation*
vernünftig   *sensible*
veröffentlichen *(wk)*   *to publish*
veröffentlicht   *published*
verpassen *(wk)*   *to miss (e.g., a train, etc.)*
★verreisen *(wk)*   *to go on a journey, to be away*
verrenken *(wk)*   *to dislocate*
　　sich den Fuß verrenken   *to twist one's ankle*
verrühren *(wk)*   *to stir, to mix*
verschieden   *varied, different*
verschmutzen *(wk)*   *to dirty*
verschreiben (ei, ie, ie)   *to prescribe*
★verschwinden (i, a, u)   *to disappear*
versetzen   *to move up (a class)*
　　versetzt werden   *to be moved up a class*
die Versicherung (-en)   *insurance*
das Versicherungswesen (-)   *insurance business, insurance world*
die Verspätung (-en)   *lateness, delay*
versprechen (i, a, o)   *to promise*
sich verständigen *(wk)*   *to make oneself understood*
das Verständnis   *understanding*
verständnisvoll   *understanding*
verstauchen *(wk)*   *to sprain (wrist or ankle)*
verstecken *(wk)*   *to hide*
sich verstehen mit (e, a, a)   *to get on with (someone)*
der Versuch (-e)   *experiment*
versuchen *(wk)*   *to try*
★verunglücken *(wk)*   *to have an accident*
verursachen *(wk)*   *to cause*
verwahrlosen *(wk)*   *to neglect*
der Verwandte (-n, -n)   *relation*
verweisen *(wk)*   *to rebuke; to expel; to refer*
verwenden *(wk)*   *to use, to apply*
verwirklichen *(wk)*   *to put into effect, to realise (e.g., an ambition)*
verwundet   *wounded*
das Vieh   *cattle*
die Vielfalt   *variety, abundance*
viereckig   *four-cornered*
das Vitamin (-e)   *vitamin*

die Vokabeln *(pl.)*   *vocabulary*
die Volkshochschule (-n)   *adult education college*
der Vollbart (¨e)   *beard*
völlig   *completely, altogether*
volljährig   *having reached the age of majority*
die Vollpension   *full-board*
volltanken *(wk)*   *to fill up (a car with petrol)*
vor allen Dingen   *above all, first and foremost*
voraussagen *(wk)*   *to prophesy, to forecast*
die Voraussetzung (-en)   *requirement*
★vorbeihasten *(wk)*   *to hurry by*
vorbereiten *(wk)*   *to prepare*
die Vorführung (-en)   *performance, showing (film)*
der Vorhang (¨e)   *curtain*
vorher   *earlier, previously*
vorig   *last (e.g., month, etc.), previous*
★vorkommen (o, a, o)   *to happen, to occur*
der Vorort (-e)   *suburb*
der Vorschlag (¨e)   *suggestion*
sich vorstellen *(wk)*   *to imagine*
die Vorstellung (-en)   *performance, showing (film); introduction (of someone)*
der Vorteil (-e)   *advantage*
die Vorwahl (-en)   *dialing code*
vorwiegend   *mainly*

W

★wachsen (ä, u, a)   *to grow*
der Wächter (-)   *watchman, guard*
die Wahlen *(pl.)*   *elections*
wahnsinnig   *mad, insane; fantastic(ally) (fam.)*
während   *whilst*
wahrscheinlich   *probably*
die Währung (-en)   *currency*
der Wald (¨er)   *wood, forest*
der Waldbrand (¨e)   *forest fire*
der Waldrand (¨er)   *forest edge*
der Waliser (-)   *Welshman*
die Walisin (-nen)   *Welshwoman*
der Walkman   *walkman, pocket cassette player*
die Wand (¨e)   *wall*
sich wandeln *(wk)*   *to change*
die Wärme   *warmth*
die Waschanlage (-n)   *washing place; car wash*
das Waschbecken   *wash-basin*
die Wäsche   *washing, laundry*
waschen (ä, u, a)   *to wash*
die Waschmaschine (-n)   *washing machine*
das Waschpulver (-)   *washing powder*
der Waschraum   *wash-room*
weder ... noch   *neither ... nor*
wehe!   *woe betide (you)!*
die Wehen *(pl.)*   *birth contractions*
weiblich   *female*
weil   *because*
weisen *(wk)*   *to show, to indicate*
weitermachen *(wk)*   *to continue*
weiterstudieren *(wk)*   *to continue one's studies, to study further (e.g., at university, college, etc.)*

die Welle (-n)   *wave*
die Welt (-en)   *world*
die Weltkarte (-n)   *world map*
wenden (e, wandte, a)   *to turn*
weniger   *fewer; less*
wenigstens   *at least*
die Werbung (-en)   *advertising*
★werden (i, wurde, o)   *to become*
werfen (i, a, o)   *to throw*
das Werken   *handicrafts*
die Werkstätte (-n)   *workshop*
der Wert (-e)   *value, worth*
wertvoll   *valuable*
das Wesen (-)   *being*
wessen?   *whose?*
westlich   *west of, western*
der Wetterbericht (-e)   *weather report*
wichtig   *important*
die Wiedereingliederung (-en)   *reintegration*
die Wiederkehr   *return*
willkommen heißen   *to welcome, to greet*
die Windjacke (-n)   *anorak*
die Windschutzscheibe (-n)   *windscreen*
winken *(wk)* (mit der Hand, usw.)   *to signal, to wave*
die Wirtschaftskunde   *economics*
wöchentlich   *weekly*
der Wohnblock (¨e or -s)   *block of flats*
die Wohnfläche (-n)   *surface area of a house or flat, living space*
das Wohnhaus (¨er)   *house*
das Wohnmobil (-e)   *mobile home, dormobile*
der Wohnwagen (-)   *caravan*
das Wohnzimmer (-)   *living room*
wolkenbezogen   *overcast, cloud-covered*
wolkenlos   *cloudless, clear*
die Wolle   *wool*
die Wollmütze (-n)   *woollen cap or bonnet*
woraufhin   *whereupon*
das Wörterbuch (¨er)   *dictionary*
wunderschön   *wonderful, lovely*
der Wunsch (¨e)   *wish*
wünschen *(wk)*   *to wish*
wütend   *furious, raging*

Z

der Zahn (¨e)   *tooth*
die Zahnbürste (-n)   *toothbrush*
der Zahntechniker (-)   *dental technician (m.)*
die Zahntechnikerin (-nen)   *dental technician (f.)*
zanken *(wk)*   *to argue*
die Zapfsäule (-n)   *petrol pump*

zeichnen *(wk)*   *to draw*
das Zeichnen   *drawing*
zeigen *(wk)*   *to show*
die Zeile (-n)   *line*
die Zeit (-en)   *time*
die Zeit vertreiben (ei, ie, ie)   *to pass the time*
zeitweise   *at times, periodically, occasional*
das Zelt (-e)   *tent*
ein Zelt aufschlagen   *to put up a tent*
der Zeltplatz (¨e)   *campsite; tent site*
zentral   *central*
die Zentralheizung (-en)   *central heating*
das Zentrum (Zentren)   *centre*
★zergehen (e, i, a)   *to melt, to dissolve*
zerreißen (ei, i, i)   *to tear up*
zerstören *(wk)*   *to destroy*
der Zettel (-)   *note, piece of paper*
das Zeug   *things, stuff, junk*
der Zeuge (-n, -n)   *witness (m.)*
die Zeugin (-nen)   *witness (f.)*
das Zeugnis (-se)   *evidence; school report*
es zieht   *there's a draught*
ziemlich   *rather*
das Zifferblatt (¨er)   *clock face*
zigmal   *umpteen times*
das Zimmer (-)   *room*
zirka   *about, approximately; see also* circa
der Zoll   *customs*
der Zopf (¨e)   *plait*
der Zorn   *rage*
außer sich vor Zorn   *beside him / herself with rage*
zubereiten *(wk)*   *to prepare*
zufrieden   *satisfied, content*
zugelassen   *admitted, let in*
die Zukunft *(no pl.)*   *future*
zumachen *(wk)*   *to shut, to close*
zunächst   *at first*
★zurückkehren *(wk)*   *to return*
die Zusage (-n)   *agreement*
zusammenfassen *(wk)*   *to summarise*
der Zusammenhalt   *cohesion, unity*
zusammenhängend   *coherent*
zusammenstoßen *(wk)*   *to collide*
zuschauen *(wk)* + dat.   *to look at (something, someone)*
der Zuschlag (¨e)   *supplement*
zwar   *in fact, actually, indeed, it is true*
der Zweck (-e)   *purpose*
zwecks   *for the purpose of*
das Zweifamilienhaus (¨er)   *two-family house*
die Zweizimmerwohnung (-en)   *two-room flat*
die Zwiebel (-n)   *onion*
zwischendurch   *in between times*